Guia de bolso da Nike

Josh Sims

Guia de bolso da Nike

Josh Sims

Tradução: Cristina Camargo

Editora Senac São Paulo – São Paulo – 2025

Sumário

Introdução

Quando Phil Knight pensou em abrir um negócio na primeira metade da década de 1960, ele já sabia que seria um empreendimento de nicho. Naquela época, correr para manter a forma fora das pistas de atletismo – o *jogging* – ainda era considerado algo excêntrico, e os Estados Unidos não tinham exatamente tradição em fabricar tênis (com exceção dos de basquete da Converse). Por esses motivos, Knight começou importando do Japão. Mas sua empresa, a Blue Ribbon Sports, cresceu mais rápido do que o esperado. Sete anos depois, já contava com 50 funcionários. Correr para manter a forma já não era tão estranho. O acordo de Knight com seu fornecedor japonês estava prestes a terminar e ele achou que talvez fosse hora de produzir seus próprios tênis.

Ainda assim, não imaginava que aquele empreendimento em expansão viria a se tornar um gigante global. Tanto que, ao fazer sua primeira encomenda, Knight não tinha um nome para aquilo que parecia ser um novo começo. Jeff Johnson, o primeiro funcionário da Blue Ribbon Sports, sugeriu um de última hora. Que tal Nike, em homenagem à deusa grega da vitória?

Dizer que a Nike seria um fenômeno não é lá o mais apropriado. Ela se tornaria a maior empresa de artigos esportivos dos Estados Unidos e, depois, do mundo. Reescreveria as regras do marketing e do patrocínio esportivo. Seria pioneira no desenvolvimento de materiais e tecnologias para deixar os calçados mais leves, resistentes e funcionais – e, mais tarde, o mesmo com itens de vestuário. Mas também foi a precursora na mistura do esporte com a cultura de rua e a moda, inspirando toda uma economia de colecionismo de tênis que hoje é considerada um investimento certeiro. Por fim, se tornaria um nome conhecido até em lares sem qualquer interesse por esporte, moda ou design.

Como entusiastas da corrida, Knight e o cofundador da Nike, Bill Bowerman, só queriam fazer tênis melhores, mas acabaram criando um colosso cultural e corporativo. O nome Nike não poderia ter sido mais adequado.

História

Foi em 1971 que o primeiro tênis com o nome Nike chegou às lojas, mas a empresa ainda demoraria sete anos para adotá-lo. Até então, a gigante global de hoje era conhecida como Blue Ribbon Sports, fundada em 1964 por Philip Knight e William (Bill) Bowerman, que havia sido técnico de atletismo de Knight na Universidade de Oregon – o Estado onde a Nike mantém sua sede.

No início, a Blue Ribbon Sports era a importadora exclusiva dos tênis de corrida de alta qualidade produzidos pela japonesa Onitsuka Tiger, ainda que, no começo, fossem vendidos diretamente no porta-malas do carro de Knight.

ACIMA: Otis Davis conquista a medalha de ouro nos Jogos Olímpicos de Roma, em 1960.

Mas o crescimento foi rápido, e em 1966 a Blue Ribbon abriu sua primeira loja, em Santa Monica (Califórnia). A ideia de uma fabricação própria não estava nos planos, embora Bowerman já viesse fazendo experimentos com alguns modelos próprios de tênis.

Em 1960, o velocista Otis Davis – que tinha os pés deformados e precisava de tênis de corrida personalizados – ganhou a medalha de ouro nos 400 m rasos das Olimpíadas de Roma usando um dos modelos de Bowerman. O objetivo, com a Blue Ribbon Sports, era apenas oferecer os melhores tênis de

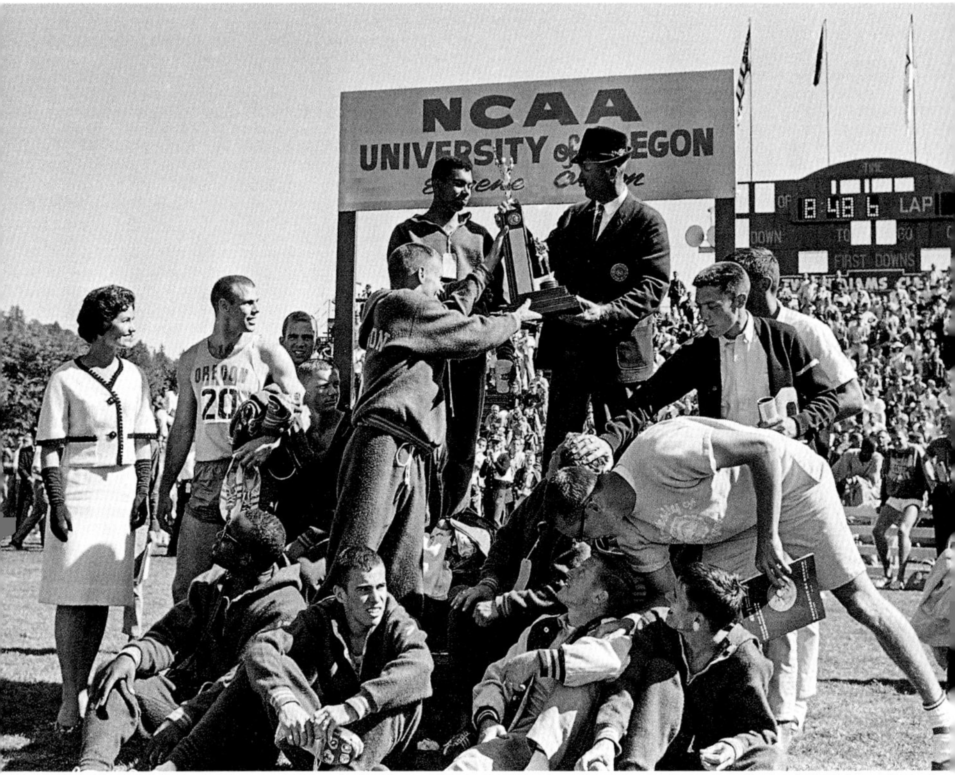

ACIMA: Bill Bowerman (de chapéu), técnico de atletismo na Universidade de Oregon e um dos fundadores da Nike.

corrida que pudessem encontrar. Mas acabaram concluindo que até os melhores que encontrassem poderiam ser aprimorados.

Bowerman – que dividia seus corredores entre os que chamava de "tigres" e os "hambúrgueres" (sendo os "tigres" os atletas de elite, os lutadores) – queria dar a eles algo que os fizesse lutar ainda mais.

Como técnico, ele era direto: "Você precisa decidir se quer ser um bom atleta ou um bom amante", dizia aos seus pupilos (as mulheres ainda eram completamente excluídas do atletismo universitário, sem falar das grandes competições). Em outras palavras, quem levasse as pistas a sério não deveria perder tempo com namoros.

Acabaram concluindo que até os melhores tênis de corrida que encontrassem poderiam ser aprimorados.

Knight já sabia que uma nova geração de produtos podia superar a anterior, mesmo que essa fosse bem estabelecida e respeitada. Quando fez MBA na Universidade de Stanford (onde se formou em 1962), ele escreveu um trabalho intitulado "Os tênis japoneses podem fazer com os tênis alemães o mesmo que as câmeras japonesas fizeram com as câmeras alemãs?". Apenas duas décadas depois de Pearl Harbor e da subsequente entrada dos Estados Unidos na Segunda Guerra Mundial, o Japão estava em alta, passando por um milagre econômico e se tornando moda graças ao mangá, à decoração de interiores e aos aparelhos eletrônicos que começavam a adentrar o mercado norte-americano. O governo dos Estados Unidos, ansioso para apresentar o Japão agora como aliado, mobilizou sua máquina de relações públicas. Knight até flertou com o budismo, mas o foco era melhorar os tênis de corrida. Afinal, eles realmente faziam a diferença para quem os utilizava. Assim que se formou, Knight foi para o país asiático e, seguindo seu instinto, entrou em uma loja de calçados esportivos. Na sequência, conseguiu localizar o dono da Onitsuka Tiger, Kihachiro Onitsuka, e o convenceu de que poderia abrir o mercado norte-americano para sua marca. Quase um ano depois, cerca de 300 pares de tênis eram entregues a Knight, no Estado do Oregon. Ele mostrou aqueles modelos de corrida sem cravos a Bowerman, que ficou impressionado. Tanto que, alguns meses depois, eles concordaram em investir US$ 500 cada um em um novo negócio juntos, batizado em homenagem à fita que é rompida pelos vencedores de uma prova.

"Os tênis são o equipamento mais importante de um corredor", diria Knight mais tarde em entrevista à CNN, referindo-se à determinação de Bowerman em melhorar aquilo que o Japão podia fornecer – especialmente à medida que as relações com a Onitsuka Tiger começavam a se deteriorar. Ele continuou: "Se você for jogador de beisebol, são a bola e a luva. Mas, para os corredores, são os tênis e ponto. E o meu velho técnico [Bowerman] acreditava firmemente que 30 gramas em um par de tênis nos últimos 400 metros representavam 4,5 quilos nos 3 metros finais. Ele era obcecado por esse tipo de detalhe. Isso me chamou a atenção e me tornei cobaia dos tênis experimentais dele".

Knight não estava sozinho. Como técnico na Universidade, Bowerman tinha o campo de testes perfeito: cerca de 50 atletas universitários dispostos a experimentar qualquer coisa que ele criasse.

Bowerman fazia radiografias dos pés dos atletas a fim de descobrir a melhor posição para os cravos no sola do do tênis, tentava diferentes formas de amortecimento, investigava como os tênis interagiam com as superfícies das pistas, explorava ideias sobre bebidas energéticas e testava novos tecidos para as roupas dos corredores, sugerindo o uso de seda de paraquedas, por ser ultraleve, e já prevendo o surgimento dos shorts de *nylon*, que se tornariam o padrão algumas décadas depois.

O Nike Waffle, famoso por seu solado, surgiu com Bowerman despejando uretano derretido na fôrma de *waffle* de sua esposa (embora ele tenha se esquecido de adicionar primeiro um agente antiaderente) para criar uma peça fina, leve e com bastante aderência – a mesma aderência que ficou conhecida por deixar uma pegada semelhante à dos astronautas na Lua e deu ao solado o apelido de "Moon Shoe" ("Calçado Lunar"). Em um dos primeiros anúncios, a empresa declarava que não ficaria limitada a tradições nem às lucrativas produções em série. Ou seja, lançaria produtos na velocidade em que as inovações surgissem. "Combinamos os melhores recursos dos tênis antigos com as ideias mais recentes dos melhores atletas."

Segundo Knight, ele tinha plena consciência de que obter sucesso com sua própria linha de tênis – considerando a concorrência e o mercado pequeno para esse produto na época – era "um tiro no escuro". Assim, continuou a se aprimorar, não apenas nas pistas, mas também como contador, para alívio de seu pai – que, claro, não

ACIMA: exemplares antigos da Nike, com o solado *waffle* de Bowerman.

precisava ter se preocupado. Como um exemplo do crescimento impressionante da Nike, em 2019 um dos primeiros pares do Nike Waffle (mais precisamente, uma versão de 1972) seria arrematado na casa de leilões Sotheby's por US$ 437.500, e a Nike viria a ser avaliada em mais de US$ 100 bilhões.

Novo nome

Por muito pouco a Nike não se chamou Nike. Vários nomes foram considerados. De acordo com Geoff Hollister no livro *Out of Nowhere* (2008), Knight gostava de Dimension Six, inspirado por seu amor pela banda pop The 5th Dimension. "Havia uma quinta dimensão, certo? Então, queríamos ser essa dimensão extra...", disse ele certa vez, "mas seria difícil encaixar esse nome em uma etiqueta de calçado. Imagine onde estaríamos se eu o tivesse escolhido". Na época, a Blue Ribbon Sports tinha 45 funcionários, e todos colocaram sua sugestão em um chapéu.

Alguns sugeriram emular a marca alemã Puma; Jeff Johnson, por sua vez, apresentou Peregrine como proposta. Outro deu a ideia de Bengal.

Foi Johnson também que sugeriu Nike, em 1971, lembrando-se de uma matéria de uma revista de bordo que analisava como muitas marcas de sucesso tinham nomes curtos, com uma ou duas sílabas, frequentemente contendo as letras Z, X ou K (como Xerox ou Kleenex). As reações não foram muito animadoras. Johnson foi informado de que ninguém tinha gostado do nome, embora ele fosse melhor do que os outros. Knight também não ficou entusiasmado: "Não gosto de nenhuma das sugestões, mas acho que essa é a melhor".

Muitas marcas de sucesso tinham nomes curtos, com uma ou duas sílabas, frequentemente contendo as letras Z, X ou K.

Esse era o estilo de Knight: não esperar pela solução ideal, mas ir em frente com algo que fosse suficientemente bom para avançar. "Nada me chama tanto a atenção a ponto de pensar: 'Uau, é isso!'. Para mim, não existe um momento 'eureca'", disse ele à CBS em 2016. "Na maioria das vezes, eu digo apenas: 'Ok, isso é o melhor que podemos fazer – vamos em frente'."

A abordagem pragmática de Knight economizou tempo, permitindo que a Nike avançasse em direção ao grande evento que seriam as Olimpíadas de Munique, em 1972.

Em 1971, Knight – ciente das limitações de estar preso a um contrato exclusivo com a Onitsuka Tiger – começou a construir uma rede de terceirizados no Japão, o que lhe deu maior controle. Isso foi no ano anterior ao do vencimento do contrato da Blue Ribbon Sports com a empresa japonesa. Desde então, ambos os lados afirmam que a responsabilidade é do outro: a Onitsuka Tiger alega que a Nike estava violando o acordo, enquanto a Nike afirma que a Onitsuka Tiger estava tentando romper o contrato de exclusividade.

De qualquer forma, estava claro que Knight queria ir em frente. Em 1974, a Nike abriu uma fábrica em Exeter, New Hampshire; em 1976, montou uma linha de produção em Taiwan e, no ano seguinte, outra na Coreia do Sul. Notavelmente, em 1978, ano em que a Blue Ribbon Sports mudou oficialmente o nome para Nike, seus tênis já tinham sido usados por Jon Anderson para vencer a Maratona de Boston, por Jimmy Connors para conquistar o US Open e o Torneio de Wimbledon, e por Henry Rono para estabelecer quatro novos recordes de atletismo. Além disso, eram usados por integrantes das equipes de basquete Los Angeles Lakers e Boston Celtics. Os atletas profissionais estavam adotando a nova marca.

À DIREITA: Jimmy Connors na final de 1975 do Torneio de Wimbledon.

Dois anos depois, a Nike inaugurou seu primeiro laboratório de pesquisa e desenvolvimento e começou a explorar maneiras de incorporar uma bolsa de ar na entressola dos tênis. A Nike não apenas registraria mais patentes do que qualquer outra empresa de calçados como também se tornaria uma das que cresceram mais rápido na história corporativa norte-americana. Em 1980, a Nike realizou sua primeira oferta pública de ações, sendo listada na bolsa de valores na mesma quinzena que uma empresa emergente de tecnologia chamada Apple, o que transformou Knight e Bowerman em multimilionários. Em 1989, a Nike era a maior empresa de roupas esportivas dos Estados Unidos.

E tudo isso aconteceu antes que a Nike explorasse realmente o mercado que a tornaria um fenômeno para além do esporte. Embora, por muitos anos, a Nike não tivesse adentrado voluntariamente o mercado de entretenimento – pois se considerava uma marca esportiva, voltada estritamente para atletas –, a experiência em Los Angeles pode ter dado uma ideia sobre a direção a seguir. Ao longo da década de 1980, dublês e figurinistas da indústria de Hollywood compraram tênis da Nike. Consta que o ator Paul Newman começou a usá-los, assim como as bandas de rock Rolling Stones e Ramones.

À DIREITA: os Nikes apareceram em *Os Goonies* (1985) e em *Karatê Kid: a hora da verdade* (1984).

Lançar a Nike não foi fácil. Segundo Knight, nascido no Oregon, nos anos 1960 a burocracia era consideravelmente menor do que a das décadas seguintes. Seu primeiro escritório foi seu Plymouth Valiant, e ele vendia os primeiros tênis da Blue Ribbon Sports no porta-malas do carro (sua irmã havia obtido uma licença da prefeitura para isso). Além do mais, não havia dinheiro. Fazer com que os investidores acreditassem em tênis de corrida japoneses era uma tarefa difícil, como Knight apontou. A situação manteve a Nike à beira da falência por um longo tempo, por mais bem-sucedida que parecesse para quem visse de fora.

Talvez por isso a empresa estivesse disposta a forçar os limites das regulamentações. Pagar atletas olímpicos para usarem seus tênis ainda não era permitido – eles eram considerados amadores na verdadeira acepção da palavra, impossibilitados de receber qualquer tipo de compensação financeira até 1972. No entanto, financiar suas viagens era permitido. A Nike oferecia férias no Havaí ou na cidade *resort* de Sunriver, no Oregon, para as famílias dos esportistas. Vantagens como essas pareciam, na época, a única coisa que eles poderiam ganhar por correr, depois da oportunidade de glória.

Em outra solução criativa, os tênis também poderiam ser "doados", e a Nike era generosa: se a Adidas desse a seus amigos atletas dois pares de tênis de treino e um par de cravos a cada ano – o que já era extraordinário

À ESQUERDA: Ramones usando Nike, em 1984.

na época –, a Nike fornecia pares novos a cada quinzena, a quem se interessasse. Em 1977, o executivo da Nike Rob Strasser contratou Sonny Vaccaro (o consultor de marketing que mais tarde ajudou a fechar o contrato com Michael Jordan) para uma missão incomum. Eticamente duvidosa, talvez, mas não ilegal: Vaccaro recebeu um envelope recheado com US$ 30 mil para entregar a qualquer técnico universitário que topasse distribuir os tênis da Nike aos seus atletas.

Alguns não precisavam desse incentivo. O jogador francês de basquete Richard Dacoury, por exemplo, pôde escolher tênis da Nike sem custo algum quando se juntou ao seu clube, o Limoges, em 1978. Só havia um problema: o Limoges era patrocinado pela Adidas. E qual foi a solução de Dacoury, antes de finalmente entrar com uma ação judicial contra seu clube? Ele levou todos os pares de Nike que ganhou a um sapateiro local para que removesse o símbolo da empresa e costurasse três listras no lugar.

Controvérsia

É certo que a história da Nike não está isenta de controvérsias, principalmente no que diz respeito às suas práticas trabalhistas. A empresa pode ter começado a fabricar seus tênis no Japão, mas depois mudaria a produção para a Coreia do Sul e Taiwan e,

À DIREITA: o cantor e compositor Billy Joel se apresenta no Madison Square Garden em 1982.

mais tarde, para a China, o Vietnã e a Indonésia, a fim de reduzir custos. No final da década de 1990, a empresa tinha cerca de 100 terceirizados operando 500 locais de produção em mais de 30 países. Segundo Knight, um dos motivos do rápido sucesso inicial da empresa foi sua habilidade em manter baixos os custos de produção, fabricando seus produtos na Ásia, com mão de obra barata, enquanto seus concorrentes, Adidas e Puma, ainda produziam nos países europeus de altos salários.

A Nike não era a única a adotar essa prática entre as principais marcas de roupas e calçados – e se tornou uma espécie de bode expiatório nesse assunto –, mas um relatório publicado em 1991 pelo ativista Jeff Ballinger, do grupo trabalhista Press For Change, colocou a empresa nos holofotes ao documentar as péssimas condições de trabalho nas operações terceirizadas na Indonésia. A publicidade negativa se seguiu, assim como a revolta do público, com protestos contra a Nike nas Olimpíadas de 1992 e nos *campi* universitários, com pedidos de boicote.

A Nike – por dever moral ou a contragosto mesmo – respondeu aumentando os salários, monitorando as condições das fábricas e estabelecendo padrões de qualidade do ar. No final da década de 1990, a empresa havia fundado a Fair Labor Association e auditado cerca de 600 fábricas, divulgando publicamente suas localizações. No entanto, como muitos gigantes do setor de vestuário, a Nike continuou a ser assombrada pelas questões de direitos humanos nas atividades fabris em países em desenvolvimento. "Acho que cometemos muitos erros no início. A maioria deles foi culpa do diretor executivo", disse Knight, "que era eu".

Em uma virada significativa, a Nike passou a ser reconhecida como líder, entre as grandes marcas, na adoção de práticas mais sustentáveis. Por exemplo, a empresa realizou um estudo químico detalhado dos fios e corantes que utilizava e retirou, da sua produção, qualquer um que fosse questionável. Além disso, introduziu inovações como o Flyknit, uma alternativa para reduzir o desperdício nos métodos tradicionais de corte e costura em couro.

E é claro que a Nike também não hesitou em usar a controvérsia a seu favor. Em 2018, contratou o jogador de futebol americano Colin Kaepernick como embaixador da marca. Kaepernick gerou polêmica ao "se ajoelhar" durante a execução do hino nacional dos Estados Unidos, em protesto contra a violência policial aos negros norte-americanos. Sua equipe, os 49ers, decidiu não renovar seu contrato e nenhuma outra equipe da NFL – a liga profissional de futebol americano – expressou interesse em fazê-lo. Kaepernick era um pária ou um herói, dependendo do ponto de vista.

Knight declarou que, pessoalmente, sentia-se "dividido" sobre a questão de se ajoelhar. Ele havia servido no Exército e sido reservista por sete anos, por isso valorizava a forma tradicional de patriotismo. Mas a Nike escolheu o lado "herói", demonstrando apoio a Kaepernick como um exemplo de princípios elevados e mentalidade independente. "Acredite em algo, mesmo que isso signifique sacrificar tudo", dizia um anúncio da Nike com o jogador.

"Mark Parker, CEO da Nike na época, viu o anúncio e engoliu em seco", lembraria Knight. Ele não estava totalmente errado. A Nike foi imediatamente acusada de falta de patriotismo e enfrentou outro boicote, com alguns clientes enfurecidos chegando a queimar seus tênis nas redes sociais. Como era de esperar, a Nike já sabia o resultado da polêmica: no mês seguinte, o preço de suas ações disparou em mais de US$ 6 bilhões.

"Não importa quantas pessoas odeiem sua marca, contanto que um número suficiente a ame."

Como disse Knight em uma palestra para estudantes da Stanford Business School em 2019: "Não importa quantas pessoas odeiem sua marca, contanto que um número suficiente a ame. Você não pode ter medo de ofender as pessoas. Você não pode tentar ficar em cima do muro. Você precisa se posicionar sobre as coisas".

À DIREITA: anúncio da Nike com Colin Kaepernick.

Believe in something, even if
it means sacrificing everything.
Just do it.

A marca

A Nike é frequentemente reconhecida como uma das marcas mais identificáveis do mundo – não apenas na área de artigos esportivos como também entre todas as marcas. No entanto, a noção da importância da construção dessa marca – do marketing, da imagem pública – demorou a chegar na empresa. Como Knight enfatizou, ele e sua equipe se viam como um grupo de corredores obcecados em melhorar a experiência de outros corredores. E isso era tudo. O foco estava em aprimorar design e produto, e não em construir um perfil ou uma identidade. Essa posição, é claro, mudaria – e de maneira significativa.

Swoosh

A história conta que a designer do icônico logotipo da Nike, o Swoosh, recebeu apenas US$ 35 pelo trabalho – o que gerou indignação pelo fato de uma empresa bilionária pagar tão pouco por algo tão importante. Mas, quando Knight (então professor de contabilidade na Universidade Estadual de Portland) se aproximou de Carolyn Davidson (na época, aluna de design gráfico na universidade), o grande futuro da Nike ainda era algo muito distante.

À DIREITA: publicidade da Nike ao longo dos anos.

MOVE MORE.
MOVE BETTER.
THE NIKE DRI-FIT KNIT TANK

JUST DO IT
JUST BUY IT
AT OLYMPUS SPORT
The U.K.'s No.1 sports retailer. Over 130 stores nationwide.
NIKE

NIKE CHROM

Touch
Tiempo
Everyone dances differently.
My way scores goals.
—Ronaldinho

JUST BECAUSE YOU'RE A NICE GIRL DOESN'T MEAN YOU CAN'T HAVE EVIL LEGS.
NIKE
APPAREL

TAKE SPORT. ADD MUSIC.

Isso foi em 1971. A Nike estava planejando sua mudança de nome e ainda se chamava Blue Ribbon Sports. A empresa tinha apenas 7 anos e ninguém dispunha de verba para gastar. Knight propôs a Davidson o trabalho de "desenhar alguns símbolos", pagando por hora, após saber que ela não tinha dinheiro para pagar uma aula de pintura a óleo.

"O valor não foi alto na época", diria Davidson ao jornal *The Oregonian* em 1983, "mas eles pagaram o que eu cobrei". O trabalho, na verdade, foi uma oportunidade de ouro para que ela adquirisse experiência. E mais tarde, em 1983, em reconhecimento à contribuição do seu design, ela recebeu um anel de diamante com o Swoosh gravado, uma caixa de chocolates (em formato de Swoosh, é claro) e algumas ações da Nike. "Esperamos torná-las muito valiosas", comentou Knight na época, rindo. Davidson continuaria a trabalhar em outros projetos para a empresa por algum tempo depois do Swoosh, e a Nike inclusive registrou a palavra

ABAIXO: a evolução do Swoosh.

BLUE RIBBON SPORTS

1964

1972

como marca. O símbolo foi projetado para sugerir uma asa – talvez a de Nike, a deusa grega da vitória, que deu nome à empresa. Mas não foi um sucesso instantâneo. Knight não gostou muito – ele o chamou de "aquele 'check' grande e gordo". No entanto, em uma demonstração de seu estilo de liderança empresarial, que valorizava o conhecimento alheio, concordou em deixar que os mais qualificados fizessem a avaliação. "Não gosto, mas vou me acostumar com ele", disse.

O logotipo tinha muito a seu favor. Apresentava um dinamismo que combinava com o novo nome da empresa. Assim como as três listras chamativas da rival Adidas, o contorno do Swoosh da Nike era graficamente simples, o que significava que podia ser impresso ou bordado com facilidade, bem como ampliado ou reduzido. O logo BRS, da Blue Ribbon Sports, sempre incomodou Knight: quanto menor o tamanho, mais difícil ficava a leitura. Nos anos seguintes, a própria simplicidade do Swoosh mostrou que ele podia ser

1978

1987

ATUAL

facilmente copiado – não apenas por falsificadores, mas também pelos superfãs da marca em seus rabiscos e até mesmo em tatuagens.

E o mais importante: o Swoosh se encaixava perfeitamente na lateral do tênis, atendendo ao que Knight tinha enfatizado no *briefing* para Davidson. Suas curvas sinuosas sugeriam um movimento para a frente. Ele conseguiu até driblar uma regra ocasional do atletismo amador. Quando disseram ao atleta Steve Prefontaine (o primeiro embaixador da Nike) para retirar as quatro letras da nova marca de seu traje de aquecimento, ele voltou com outro, estampado com aquele desenho estranho em forma de "check", sem que ninguém fizesse perguntas.

O contorno do Swoosh da Nike era graficamente simples.

"Carolyn recebeu US$ 2 por hora, e eu nunca imaginei que ela dedicaria 17 horas e meia ao projeto", brincou Knight na cerimônia em que Davidson recebeu suas ações da Nike. "E, quando lhe demos o cheque de US$ 35, pedimos para ela não descontá-lo imediatamente."

Por esses US$ 35, Knight obteve vários desenhos – centenas de opções, segundo Davidson –, incluindo o Swoosh (ou a "faixa", como era chamado no começo).

ACIMA: o Swoosh funciona bem na lateral do tênis.

Ele foi usado pela primeira vez com a palavra "Nike" sobre ele, em letra cursiva. Com o passar dos anos, houve um reconhecimento crescente de que o logotipo se tornara tão icônico em termos culturais quanto o nome da empresa.

Em 1978, o Swoosh, que até então era apenas um contorno, foi preenchido para se tornar um símbolo mais imponente e sólido, em preto, com o nome Nike também redesenhado, passando de uma fonte cursiva para uma versão mais chamativa e desafiadora com letras maiúsculas na fonte Future Bold. Em 1985, mudaram a cor, com o nome da marca e o Swoosh agora em branco contra um fundo vermelho. E, em 1995, o nome da marca – que até então era usado sobre o Swoosh ou mesclado a ele – foi removido do logotipo, deixando o desenho em destaque.

Essa estratégia era comum entre as marcas globais – a Shell e a Apple, por exemplo, fizeram algo parecido –, mas também trouxe mais versatilidade para posicionar o Swoosh nos produtos. Livre da necessidade de exibir o nome Nike, o símbolo agora poderia ser utilizado de maneiras mais criativas. E isso era importante para uma empresa que gastava cerca de 10% de sua receita anual em marketing em comparação aos 3% dedicados a instalações de fabricação, pesquisa e desenvolvimento. Também foi, indiscutivelmente, uma experiência de aprendizado para a Nike. Quando a empresa buscou um contrato de patrocínio com Michael Jordan (ver p. 67), ela rapidamente percebeu o potencial do superastro do basquete para se tornar uma submarca própria – e, assim, a Nike desenvolveu o logotipo Jumpman ("Saltador") exclusivamente para os produtos de Jordan.

Conectando-se com os atletas

Knight reconhece que o sucesso rápido e estratosférico da Nike fez com que a empresa se perdesse um pouco e amargasse algumas decisões comerciais ruins ao longo de uma conturbada década de 1980. Por exemplo, a empresa não obteve êxito ao investir no mercado da ginástica aeróbica. Apesar de ter desenvolvido um produto superior ao da Reebok em muitos aspectos, ele carecia de um design que associasse a aeróbica tanto a um estilo de vida quanto a uma nova forma de exercício. Com a ênfase em tecnologia, a Nike decidiu que precisava encontrar um couro mais forte e mais macio do que o utilizado pela Reebok. Mas, quando finalmente conseguiu, a Reebok já estava consolidada como líder absoluta do mercado.

Pior ainda, talvez tenha sido quando a Nike começou a fabricar tênis casuais, afetando sua estreita associação com o esporte. "Quebramos a cabeça até conseguir entender", disse Knight em 1992. "Lançamos um tênis funcional que achávamos que o mundo precisava, mas ele era esquisito, e o público não quis. Não é porque você tem os melhores atletas do mundo e um logotipo que todos reconhecem que você pode fazer de tudo com sua marca."

"A maneira de se manter à frente era pela inovação de produtos."

Segundo Knight, a Nike atribuía seu sucesso apenas aos produtos que criava para atletas de elite e imaginava que isso, por si só, era motivo suficiente para que qualquer pessoa os comprasse. "Nos primórdios, qualquer um com um pote de cola e uma tesoura poderia entrar no negócio de calçados, então a maneira de se manter à frente era pela inovação de produtos. E nós somos ótimos nisso", afirmou.

O que faltava à Nike, indiscutivelmente, era o que ela viria a desenvolver: uma personalidade que tivesse tudo a ver com esportes e condicionamento físico, independentemente da capacidade de cada um. Que tivesse a ver com "competição, determinação, realização, diversão e até mesmo os benefícios intangíveis de participar dessas atividades", como explicou Knight. A Nike teve que aprender a se tornar inclusiva, mais humana.

Surpreendentemente, apesar do tamanho que a Nike alcançaria no futuro, a empresa investiu relativamente pouco em marketing durante a maior parte da década de 1970. A maioria dos funcionários era composta por corredores. Ela entendia de corrida, recrutava funcionários nas pistas e, portanto, concentrava-se em calçar seus tênis nos pés dos corredores. E corredores de nível internacional, sem dúvida, como Alberto Salazar e Steve Prefontaine, a quem a Nike ofereceu seu primeiro contrato de patrocínio em 1974, no valor de US$ 5 mil por ano. Esse acordo evidenciou o choque de gerações entre os cofundadores da Nike com o cavalheiresco Bowerman, perplexo com a ideia de usar um

ABAIXO: a Nike demorou a entrar no mercado de aeróbica, na década de 1980.

embaixador para promover os tênis da empresa. "Em nenhum momento eu autorizei você a usar o nome ou a imagem de um atleta para promover os produtos [da Nike]", Bowerman teria repreendido Knight. "Isso seria infringir os direitos desse jovem."

Em 1972, a Nike assinou seu primeiro contrato de patrocínio com um atleta profissional, o campeão de tênis romeno Ilie Năstase, por apenas uma temporada. Mas, em geral, era improvável que esses acordos levassem o público a usar tênis Nike. A empresa adotou a mesma abordagem em cada um dos esportes para os quais desenvolveu calçados – conhecer os jogadores e entender suas necessidades, para depois atendê-los por meio do design e do produto.

Essa abordagem franca – sem ilusões e artifícios – era admirável por várias razões. No entanto, ao se concentrar nas elites esportivas, a Nike ignorava a grande maioria das pessoas que usavam seus tênis. Mesmo no início da década de 1970, mais da metade das vendas da empresa era destinada a um público que não usava os tênis para o esporte que havia inspirado aquele modelo.

"Se um jogador de destaque como Michael Jordan quisesse qualquer coisa amarela e laranja, seria isso que faríamos, mesmo que ninguém mais quisesse algo amarelo ou laranja", observou Knight, citando o fracasso do Sock Racer – uma ótima ideia produzida em amarelo vibrante que desagradou a todos. Até meados dos anos 1980, a Nike vinha dando prejuízo e demitindo funcionários. No final da década, ela teria de reencontrar seu caminho.

"Durante muito tempo nós nos vimos como uma empresa focada em produção, concentrando toda a nossa atenção no design e na fabricação dos produtos", explicou Knight. "Mas agora sabemos que o mais importante são as vendas e vimos que a Nike é uma empresa orientada para o marketing... Achávamos que tudo começava no laboratório. Agora percebemos que tudo gira em torno do consumidor."

Uma das coisas que a Nike aprendeu foi dividir seus produtos em partes de fácil assimilação. Em outras palavras, dominou a arte de operar submarcas. O Air Jordan é o principal exemplo disso – um produto forte o suficiente para se dissociar da própria Nike. Mas até os produtos para basquete seriam ainda mais segmentados – como o Force e o Flight – para atender melhor a diferentes estilos de jogo. Além do basquete, o segmento de tênis foi dividido em Challenge Court, (descrito por Knight como "bastante jovial, despojado e rebelde", mas que, apesar disso, fez da Nike a maior marca voltada para esse esporte) e Supreme Court, que reconhecia que o tênis ainda era um esporte predominantemente conservador.

Conectando-se com as pessoas

Até 1980, a Nike se tornou, excepcionalmente, uma empresa bilionária sem ter feito qualquer comercial de TV. As únicas revistas nas quais anunciava eram publicações como a *Runner's World*. Em 1987, veio

À DIREITA: a habilidade de Ronaldinho Gaúcho o tornou popular entre fãs e patrocinadores.

À DIREITA: a excepcional capacidade de salto de Michael Jordan seria ecoada em seu próprio logotipo, o Jumpman da Nike.

seu primeiro comercial de TV, chamado "Visible Air" ("Ar Visível") – a revelação da tecnologia Air por uma janela na entressola de um tênis –, acompanhado pela música "Revolution", dos Beatles, de 1968. Um ano antes do famoso "Just Do It" ("Apenas Faça"), uma das versões do comercial começava com uma frase quase familiar: "Do Something. Anything." ("Faça Alguma Coisa. Qualquer Coisa.").

Assim como os tênis da Nike representaram uma mudança radical no design de calçados esportivos, o

marketing desses produtos também foi revolucionário. A publicidade mostrava pessoas comuns envolvidas em qualquer atividade física que lhes trouxesse satisfação – andar de bicicleta, levantar peso, jogar bola; com diversão, mas também com determinação. Tudo isso ao som de um clássico de uma das maiores bandas de todos os tempos. Algo praticamente inédito até então.

O comercial fez com que as pessoas se identificassem – mesmo que isso acabasse tendo um custo. A Capitol Records e Yoko Ono, que gerenciavam os bens de John

Are you
sick of
hearing
"where do
you find
the time"?
Is there a make-up kit in your gym bag?
Do you consider tri-athletes underachievers?
Does your kick-boxing trainer
make fun of your yoga instructor?
Have you ever done
crunches while waiting for pasta to cook?
Do you keep more than one pair of trainers
at work?
Are you an All Rounder?
Find yourself at
nikewomen.com

Lennon, concordaram com o uso da música, ao contrário do restante da banda. Eles processaram a Nike em US$ 15 milhões, e a Capitol Records fez um acordo não revelado. A reação da Nike? "Isso só trouxe mais visibilidade", lembrou o designer Tinker Hatfield, "porque Yoko Ono brigou com o restante dos Beatles. A coisa toda chegou ao mercado e foi como um foguete".

"Arrisque-se e aprenda com isso."

A conexão emocional sempre foi vital para a Nike na escolha dos atletas com quem queria trabalhar, porque isso significava que esses seriam os atletas que repercutiriam entre os consumidores. Agora, era preciso transformar esse sentimento em parte de sua imagem pública. "O truque é conseguir atletas que não sejam apenas vencedores, mas que também despertem emoções. Não apenas o maior artilheiro ou o pontuador, mas alguém que o público venha a amar ou odiar", explicou Knight em seu livro *A marca da vitória: a autobiografia do criador da Nike* (2016). Portanto, para a Nike, Arnold Palmer ainda supera Jack Nicklaus, mesmo que Nicklaus seja um golfista melhor.

No entanto, "sempre acreditamos que, para ter sucesso com o consumidor, você precisa estimulá-lo", observou Knight. "Se você fizer algo que já tenha feito ou que alguém mais esteja fazendo, isso não vai durar mais do

À ESQUERDA: o apelo direto da Nike às mulheres tentou mudar a ideia de que a dedicação ao esporte era algo "só para homens".

ACIMA: Michael Jordan em *Space Jam: o jogo do século* (1996).

que uma temporada ou duas. Isso também quer dizer que estamos preparados para críticas, porque alguém sempre vai se ofender, não importa o que façamos. Nossa filosofia básica é: arrisque-se e aprenda com isso."

Tomando como exemplo o comercial da Nike "Hare Jordan", exibido no Super Bowl (a final do campeonato de futebol americano) de 1992: foram investidos US$ 1 milhão em produção e seis meses de trabalho para mostrar Michael Jordan jogando basquete com ninguém menos do que o Pernalonga. "Poderia ter sido só uma bobagem ou uma grande burrice", reconheceu Knight sobre a peça criada pela Wieden+Kennedy, a agência de publicidade de longa data da Nike, sediada no Oregon. Mas o comercial caiu no gosto do público, e quatro anos depois inspirou o filme *Space Jam: o jogo do século*, baseado na mesma premissa absurda (o que, aliás, fez da escolha dos protagonistas um grande desafio para a produção).

"A Nike se tornou poderosa porque não estava tentando vender apenas produtos", afirma Dan Wieden, fundador da Wieden+Kennedy. "Ela queria vender ideias e as possibilidades mentais e físicas que você pode escolher. Isso era algo inovador."

"Just Do It"

Frequentemente citada como a melhor frase de efeito do século XX, "Just Do It" ("Apenas Faça") se tornou um *slogan* direto, impactante e competitivo. Metade grito de guerra, metade ordem, era algo que as pessoas poderiam dizer umas às outras para incentivar a motivação e o esforço. A frase foi uma espécie de renascimento para a Nike – um novo foco na marca e no que ela representava –, e passou a estampar camisetas, bolsas e caixas de sapatos.

Essas palavras de ordem têm uma origem curiosa. Em 1988, durante a elaboração da primeira campanha publicitária da Nike para a TV, a agência Wieden+Kennedy dividiu suas equipes de criação para trabalharem nos diferentes esportes mostrados em um dos cinco comerciais. Isso resultou em uma mistura de estilos que Wieden percebeu apenas na véspera da apresentação dos comerciais ao conselho da empresa. Era necessário algo que unisse aquelas peças todas – um *slogan*.

JUST DO IT.

Levando em conta seu cliente, Wieden não tinha qualquer dúvida a respeito disso. Ele recorda que, quando conheceu o fundador da Nike, Knight se apresentou dizendo: "Oi, eu sou Phil Knight, e não acredito em publicidade". Mas, como disse Wieden, o fato de Knight não acreditar no que eles faziam lhes deu licença para "tentar coisas e fazer experimentos, e uma sensação real de 'nós contra o mundo'. Essa imbecilidade nos levou a fazer coisas que funcionaram e a fazer o que ninguém esperava".

Dizem que Wieden se inspirou naquelas que, segundo relatos, foram as últimas palavras do assassino Gary Gilmore antes de ser executado por um pelotão de fuzilamento em 1977: "Let's do this" ("Vamos em frente"). Mas é claro que a Nike fez questão de manter essa história de bastidores longe do conhecimento público. A primeira sugestão, ainda mais parecida, "Let's Do It" ("Vamos Nessa"), transformou-se em uma versão mais direta e imperativa: "Just Do It" ("Apenas Faça"). A mudança foi, em parte, inspirada pela campanha antidrogas da então primeira-dama Nancy Reagan nos anos 1980: "Just Say No" ("Apenas Diga Não"). Certa vez, Wieden brincou que, se não fosse por essa mudança, ele teria que dar os créditos a Gilmore. Também era a expressão mais próxima ao sentimento que Wieden resumiu como "Apenas vá em frente e que se dane".

À ESQUERDA: anúncio da Nike dos anos 1980 com seu famoso *slogan*.

Mas, ao que parece, ninguém imaginava qual seria o impacto do *slogan*. Segundo Wieden, outros membros da equipe de criação da agência se perguntavam se ele era realmente necessário; alguns preferiam outra frase: "Out of Eugene" ("Além de Eugene"), em referência às pistas de corrida da cidade de Eugene, local de nascimento da Nike. A diretoria da Nike, indiferente, achou que o "Just Do It" pudesse ser usado mais tarde. "Phil Knight comentou: 'Não precisamos dessa m*'", lembra Wieden. "Muitos deram de ombros. Mas, no fim, deixaram passar."

A primeira exibição do *slogan*, em julho de 1988, foi em um comercial bem-humorado. Sem megaestrelas do esporte celebrando mais um campeonato, mas com um tal de "Walt Stack, 80 anos", correndo sem camisa por 27 quilômetros como fazia todas as manhãs, de acordo com o anúncio. "As pessoas me perguntam o que eu faço para não bater os dentes de frio no inverno", diz ele, enquanto corre. "Eu os deixo no meu armário."

O *slogan* conquistou o público instantaneamente. Era como se as palavras formassem um mantra motivacional versátil como um tênis de treino: adequado para várias situações, não apenas no esporte; facilmente traduzível para vários idiomas, podendo inclusive ser impresso em braille; sutil o suficiente para ser interpretado de várias maneiras; e apresentava a Nike, a maior empresa de marketing esportivo do mundo e uma corporação global, como se ainda fosse uma *outsider* ou rebelde.

"Foi a coisa mais incrível. Por algum motivo, essa frase teve uma repercussão profunda não só no mundo esportivo como também em pessoas que tinham pouco ou nada a ver com esporte", disse Wieden, reconhecendo que isso também consolidou a fama da sua agência: ela passaria a contar com outras grandes marcas, como Coca-Cola e Old Spice, entre seus clientes.

A frase foi especialmente eficaz em relação ao público feminino, pelo seu tom empoderador. "Se você me deixar praticar esportes... eu vou ter mais autoestima e autoconfiança... Vou ter 60% menos chances de ter câncer de mama", dizia um comercial de 1995. "Vou aprender o que é ser forte", concluía. "Apenas faça."

ABAIXO: "Just Do It" em anúncio da década de 1990.

As pessoas

É claro que a Nike é produto de milhares de pessoas – dos designers aos fabricantes e vendedores, passando pelas mentes criativas do marketing e das agências de publicidade, até os atletas famosos. Mas, entre tantos envolvidos, quatro se destacam em particular e ajudaram a transformar a Nike na marca gigantesca de hoje.

Phil Knight

Philip Hampson Knight nasceu em 1938, em Portland, Oregon. Filho de um advogado que mais tarde se tornou editor do jornal *The Oregonian*, foi incentivado a desenvolver um espírito empreendedor e independente desde jovem. O pai se recusou a lhe dar um emprego de verão no jornal, insistindo que Knight deveria procurar trabalho por conta própria. Ele se descreveu como alguém com "a personalidade de um corredor": solitário, enfrentando dificuldades e refletindo em sua própria companhia.

À DIREITA: Phil Knight, um dos fundadores da Nike, em capa da *Sports Illustrated* de 1993.

How this man turned a tiny sneaker company
into the most powerful force in sports
AUGUST 16, 1993 • $2.95 (CAN. $3.95)
Sports Illustrated
Nike
Boss
Phil
Knight
33
0 724454 6

Knight estudou na Universidade de Oregon (onde conheceu Bill Bowerman) e, depois, na Stanford Business School, concluindo um MBA em 1962. Muitos dos colegas de Knight em Stanford fizeram carreira no setor de eletrônicos – a revolução dos computadores se aproximava. Felizmente, como Knight disse, esse mundo estava "além da minha compreensão. Quando ligo um interruptor e uma lâmpada acende, para mim é mágica". Além disso, fazia mais sentido, para ele, construir um negócio em torno do que conhecia e amava em vez de seguir o que estava em alta na época.

Não há dúvida de que Knight estava disposto a seguir seu faro, como quando intuiu que os tênis fabricados no Japão iriam superar os alemães (uma referência de longa data) e custar menos que eles. O pai não achava isso uma boa ideia, e não era o único. "Ouvi muitas pessoas me dizerem que eu não conseguiria", revelou certa vez. "Para quem via de fora, era uma ideia maluca, mas nunca encarei dessa maneira. Sabíamos que poderíamos fracassar. Só não achávamos que iríamos." Em 1993, a revista *The Sporting News* elegeu Knight "a pessoa mais poderosa do esporte", em vez de algum atleta ou proprietário de equipe.

Talvez seja esse espírito que faça Knight ser extremamente competitivo, como ele mesmo admite. Ele chegou a descrever seu "despeito" pela rival Adidas como "doentio – eu tinha desprezo por eles". Nos anos 1980, quando perguntaram a Knight se ele queria se encontrar com o presidente da Reebok, a resposta foi negativa. "Eu respondi que não o conhecia, não gostava dele e não queria gostar", lembraria décadas depois. "E ainda me sinto assim em relação à concorrência. Competimos com muitas empresas, e acredite em mim: vamos continuar competindo."

"Jogue de acordo com as regras, mas seja feroz", também disse ele, como se fosse uma frase de algum comercial da Nike. Então, imagine a decepção de Knight quando, no início de década de 1980, descobriu que Bill Dellinger, seu antigo colega de treino na Universidade de Oregon – sua *alma mater*, à qual ele doaria muitos milhões de dólares – estava fornecendo tênis da Adidas para os atletas universitários. E, pior, trabalhando com os alemães para lançar um tênis com um nome claramente sugestivo: Adidas Oregon.

"Jogue de acordo com as regras, mas seja feroz."

A competitividade de Knight não se limita a calçados esportivos: em 2002, ele comprou um estúdio de animação e rebatizou-o como Laika – um nome curto e impactante como o da Nike, em homenagem à cadela enviada ao espaço pelos soviéticos. Desde então, o estúdio produziu sucessos como *Coraline* (2009) e *ParaNorman* (2012) – para esse último foi criado o Air Foamposite no mesmo ano.

"A cultura da Nike é jovem e irreverente – e eu não sou nenhuma das duas coisas", brincou Knight certa vez.

"A cultura é como a personalidade de um indivíduo: você não decide como ela será. A cultura da Nike não é a minha. Mas eu sempre disse que um empresário pode ser um artista, como um pintor, escritor ou músico. Minha obra de arte é a Nike, então estou empenhado em ajudá-la a ter sucesso de todas as formas que eu puder." Segundo ele, isso explica por que, mesmo tendo se aposentado como presidente em 2016, permaneceu envolvido.

"Até hoje me emociono. Isso nunca envelhece", diz ele sobre ver alguém andando pela rua com um par de Nikes – o que deve acontecer com frequência. É improvável que o reconheçam: comparado ao alcance da sua marca, Knight permanece anônimo, e ele descreve a si mesmo como tímido. As pessoas também podem não reconhecê-lo como um fanático por tênis, já que Knight afirmou ter cerca de 50 pares de Nike, apenas – "Meu *closet* é bem pequeno" –, e que alguns deles são repetidos. "Com certeza não tenho todos os modelos da Nike", disse ele à CNBC em 2016. "Eu só tenho dois pés."

Bill Bowerman

Como muitos dos nomes por trás da Nike, Bill Bowerman foi um atleta universitário excepcional, primeiro no futebol americano e, depois, no atletismo. Após servir na Segunda Guerra Mundial – durante a qual foi agraciado com a Estrela de Prata –, Bowerman retornou à sua *alma mater*, a Universidade de Oregon, para se tornar o técnico principal da equipe de atletismo.

ACIMA: Bill Bowerman, um dos fundadores da Nike.

Foi muito bem-sucedido nessa posição: treinou 31 atletas olímpicos, incluindo o corredor de longa distância e futuro embaixador da Nike Steve Prefontaine. Isso também consolidou seu fascínio pela corrida (o que perduraria até o fim da sua vida), sobre como ela pode ser aprimorada com o equipamento certo. Ele costumava escrever aos fabricantes de tênis para explicar como os calçados poderiam ser melhorados.

Bowerman também escreveria para um certo Adolf Dassler elogiando a qualidade de seus tênis, mas questionando os métodos de venda do seu representante nos Estados Unidos. Adolf era mais conhecido como Adi, fundador de uma marca chamada Adidas.

As sugestões de Bowerman geralmente não prosperavam, o que acabava por incentivá-lo a fazer as melhorias por conta própria. Experimentou diferentes tipos de couro para os cabedais – incluindo couro de canguru, pele de cervo e até pele de cobra – e diferentes materiais para os cravos de corrida. Ele acreditava que o tênis deveria ser adaptado ao estilo de corrida de cada atleta, na medida do possível. Entre os corredores que tiveram a chance de experimentar os tênis feitos a mão por Bowerman estavam o astro olímpico Otis Davis e um estudante chamado Phil Knight. Uma parceria 50/50 com Knight levaria à criação da Blue Ribbon Sports (em 1964) e, posteriormente, à da Nike (em 1971). "Se Bowerman não existisse, eu não existiria", afirma Knight. Sempre estratégico, Bowerman insistiria mais tarde para que Knight ficasse com a maior parte da Nike – dividida em 51/49 – para não atrapalhar as tomadas de decisão.

Indiscutivelmente, Bowerman foi a pessoa que introduziu o conceito de *jogging* nos Estados Unidos. Ele não promovia a corrida como um esporte sério apenas nas pistas. Buscava, também, torná-la popular como uma atividade de rua divertida e saudável. Essa ideia surgiu durante uma viagem à Nova Zelândia em 1962, onde foi apresentado ao conceito de correr por prazer. "O *jogging* não é muito mais do que uma caminhada", escreveu Bowerman em um artigo publicado em Portland. "Comece com uma distância curta e aumente conforme a sua resistência aumenta. Corra até ficar ofegante; depois, caminhe até a respiração voltar ao normal. Repita até ter percorrido 1.500 metros, 3 quilômetros, 5 quilômetros."

Indiscutivelmente, Bowerman foi a pessoa que introduziu o conceito de jogging nos Estados Unidos.

Em 1963, Bowerman publicou um livreto intitulado *A Jogger's Manual*. Mais tarde, em 1966 (na mesma época em que a Blue Ribbon Sports abriu sua primeira loja), lançou um livro completo sobre o assunto: *Jogging: A Physical Fitness Program for All Ages*. A obra trazia grandes promessas em sua capa, vendendo a ideia de que os leitores poderiam aprimorar a própria aparência. Isso pode soar estranho, considerando o foco posterior da Nike na busca da autorrealização por meio do esporte e da competição. Tratava-se de "um programa aprovado por médicos que reduzirá sua cintura, melhorará sua aparência e ajudará a prolongar sua vida (...) desenvolvido pelo especialista em coração e famoso técnico de atletismo William J. Bowerman". O livro vendeu mais de 1 milhão de exemplares, mostrando como algo que antes era considerado exótico ou até estranho rapidamente se tornou um fenômeno global.

Claro que Bowerman – que se descrevia mais como "professor de estratégia competitiva" do que como técnico – também estaria lá com seus tênis Onitsuka Tiger

Bowerman deve ter se perguntado por que não estava implantando essas ideias em seus próprios tênis.

ACIMA: Corsair, da Onitsuka Tiger.

e Nike para capitalizar em cima da tendência *fitness* que estava promovendo. Mas seria desonesto dizer que ele só fazia isso: Bowerman continuou sendo um verdadeiro inovador na busca por melhorias nos tênis de corrida. Ele literalmente desmontava um par de cada novo modelo que a Blue Ribbon Sports recebia da Onitsuka Tiger e analisava a construção dos tênis para identificar como poderia aprimorá-los, aumentando o amortecimento ou tornando-os mais leves, por exemplo.

Ele apresentava essas ideias para a empresa japonesa, que as incorporava em seus projetos seguintes, certamente agradecida pela contribuição gratuita. Isso gerou um potencial conflito entre fornecedor e importador, o que não surpreende, considerando o perfil empreendedor de Bowerman. Knight descreveria

ACIMA: Cortez, da Nike.

a abordagem de Bowerman nas pistas de corrida em *A marca da vitória: a autobiografia do criador da Nike* (2016): "Sua estratégia para correr 1.500 metros era começar e correr as duas primeiras voltas em ritmo acelerado, correr a terceira volta o mais rápido possível e, na quarta volta, triplicar a velocidade".

Em 1965, Kenny Moore, um dos corredores de Bowerman na Universidade de Oregon, estava se recuperando de um corte profundo causado pelos cravos de um colega de corrida e treinou usando um Tiger TG-22 da Onitsuka Tiger – um tênis de salto em altura que a Blue Ribbon Sports vendia como tênis de corrida. Moore acabou tendo uma fratura por estresse, e Bowerman foi examinar mais de perto o design do tênis. Descobriu que não havia suporte para o arco do pé. Projetar um tênis que tivesse esse suporte – hoje é impensável qualquer tênis de corrida sem ele – foi uma das primeiras grandes inovações de Bowerman, embora a Onitsuka Tiger é que tenha lucrado com isso.

Bowerman deve ter se perguntado por que não estava implantando essas ideias em seus próprios tênis – algo que, claro, ele logo fez. Em 1968, a Blue Ribbon Sports lançou o Corsair, projetado por Bowerman, mas fabricado pela Onitsuka Tiger. Era um tênis para corrida de longa distância sem cravos, com entressola completa e, levando em conta a experiência de Moore, calcanhar alto para reduzir a tensão no tendão de Aquiles. As vendas do Corsair geraram US$ 300 mil à Blue Ribbon Sports até o final de 1969, fornecendo o capital necessário para que a empresa se tornasse autossuficiente com seus próprios produtos. Distribuir tênis e camisetas da marca para qualquer atleta que aparecesse em sua primeira loja e que provasse estar participando das seletivas olímpicas realizadas na cidade de Eugene pode ter sido uma estratégia de marketing inteligente. Mas é possível afirmar que não foi ela que deu o impulso necessário para a Blue Ribbon Sports se tornar a Nike. Na verdade, foi um design inteligente.

O projeto do Corsair de Bowerman seria a faísca para as disputas legais entre a Onitsuka Tiger e a incipiente Nike. No fim, o estilo passou a ser oferecido por ambas as empresas (ver p. 122). Em 1972, ano em que o contrato da Blue Ribbon Sports com a Onitsuka Tiger finalmente expirou, a Nike anunciaria sua chegada nas Olimpíadas de Munique (Bowerman era o técnico principal da equipe de atletismo dos Estados Unidos) com o Cortez, que era praticamente o Corsair com um nome diferente e a marca Nike. No entanto, o sucesso do Nike Waffle em 1974 (ver p. 13) apenas reforçou a filosofia vencedora de focar o design para aprimorar a performance.

A entressola acolchoada de Bowerman também lhe renderia a primeira patente. Seria a primeira de oito, incluindo patentes para uma placa acolchoada para cravos e um molde reto, além daquelas destinadas ao contraforte externo no calcanhar (detalhe presente em muitos tênis de ponta atualmente) e para os calçados com travas para grama artificial (algo básico nos equipamentos esportivos de hoje).

Mas, com o tempo, os experimentos de Bowerman com solventes realizados em espaços mal ventilados lhe causaram danos nos nervos da parte inferior das pernas, o que, em uma triste ironia, deixou-o com problemas de mobilidade pelo resto da vida. Ele faleceu em 1999, aos 88 anos. Hoje, a sede da Nike fica na Bowerman Drive.

Tinker Hatfield

"Não me canso de desenhar novos modelos de tênis", disse Tinker Hatfield certa vez. É uma boa notícia, porque, embora Hatfield tenha se formado arquiteto e projetado motocicletas elétricas, garrafas de cerveja e artes digitais, ele é indiscutivelmente mais conhecido como o designer de calçados mais influente da história da Nike. Assim como muitos de sua profissão, ele se considera, acima de tudo, um resolvedor de problemas e acredita que "o que realmente torna os tênis interessantes são as histórias por trás, que explicam por que eles funcionam para os atletas".

Essa visão fez Hatfield projetar (ou exercer papel fundamental no design de) alguns dos modelos mais inovadores e duradouros da Nike. Para citar apenas alguns: Air Max 1 (ver p. 148), Air Safari, Air Sock, Air Jordan 3 (o primeiro a trazer o logo Jumpman) e todos os Jordans até o Air Jordan 15 (ver p. 151). Então, não é para menos que ele já tenha sido chamado de "o Michael Jordan do design dos Jordans". Ou que Hatfield desfrute da honra de ter um modelo da Nike com seu nome: o Nike React Tinker Hatfield, de 2019.

Hatfield não entrou na Nike como designer, mas como atleta universitário semiprofissional e campeão de salto com vara da Universidade de Oregon, onde Bowerman foi seu treinador. Ele foi contratado pela Nike em 1981 para ilustrar um livro de marketing. Mais tarde, projetou espaços comerciais para a empresa antes de finalmente se juntar à equipe de design dos tênis, em 1984, compondo uma equipe de cerca de nove pessoas.

Assim como a ênfase inicial de Bowerman e Knight no propósito da Nike, a motivação da equipe, na época, estava em desenvolver os melhores tênis de corrida. A equipe de criação era formada majoritariamente por corredores, e não por especialistas em design.

ACIMA: Tinker Hatfield, influente designer de calçados.

O resultado era um enfoque "um tanto utilitário", nas palavras de Hatfield.

"Não havia muito foco na estética." Além disso, não existia uma linguagem de design que refletisse a individualidade das superestrelas do esporte.

Hatfield mudaria tudo isso, primeiro com uma série de designs intencionalmente revolucionários – alguns precisaram ter sua eficiência comprovada em campo para convencer a Nike a iniciar a produção em larga escala. Por exemplo, o Air Huarache, projetado por Eric Avar e lançado em 1991, é um tênis que utiliza neoprene. Foram feitos apenas 5 mil pares, levados para a Maratona de Nova York. Todos esgotaram em três dias. No ano seguinte, mais 500 mil pares foram vendidos. Quando Michael Jordan pediu que a Nike usasse couro envernizado em um tênis (o que é evitado por ser muito fino e maleável), foi Hatfield que encontrou uma forma de usá-lo como reforço nos pontos de estresse dos tênis de basquete.

O *timing* de Hatfield para soluções também foi crucial: a ênfase da Nike na funcionalidade em detrimento do estilo – em vez de tentar conciliar ambos – indicava que sua liderança sobre a concorrência estava diminuindo. Hatfield corrigiu isso. "Como designer, você precisa prestar atenção a tudo, observar as mudanças... refletir sobre elas e reagir a elas", disse ele em uma entrevista de 2013 ao site Designboom. Mas também advertiu: "Um bom design deve ser adequado ao seu tempo e ao seu lugar. Eu posso ter ideias para

DA ESQUERDA PARA A DIREITA: Air Jordan 6, Air Jordan 13, Air Safari, Air Huarache e Air Max 1.

muitos projetos inovadores, mas eles podem não virar clássicos se forem muito estranhos. Se as pessoas não entenderem, poderão não gostar, no fim das contas".

Hatfield pode reivindicar para si a invenção do treino funcional com o Nike Air Trainer 1 (ver p. 128). Foi ele que teve a ideia de implantar uma janela para um bolsão de amortecimento de ar – uma forma de vender a tecnologia simplesmente exibindo-a –, o que se tornaria a série Air em 1987 (ver p. 76). Hatfield também propôs, pela primeira vez, os tênis com cadarços automáticos; primeiro como peça de ficção científica no filme *De volta para o futuro 2* (1989) e, anos depois, ajudando a torná-los realidade com os tênis Nike Hyperadapt 1.0 (ver p. 86). "Pensei em um tênis que pudesse ter uma inteligência artificial que reconhecesse você e se moldasse ao seu pé", afirmou o designer à revista GQ em 2022. "Fiz um storyboard da cena em que Marty McFly calça os tênis e diz 'Cadarços automáticos? Certo!'" Hatfield também desenhou as "bat botas" para Michael Keaton em *Batman* (1989) e *Batman: o retorno* (1992).

Ainda assim – o que surpreende vindo de alguém tão visionário –, Hatfield diz não ter previsto a cultura moderna dos tênis. "Realmente, não entendo por que todo mundo é tão louco por tênis", disse ele à revista *Dime* em 2021, "porque venho de uma época em que todo mundo usava um par de Converses". Mesmo assim, ele já afirmou que vê os Nikes como "contribuições únicas e exclusivamente norte-americanas para o design contemporâneo". Algo que ele entendia como "ir além da funcionalidade do equipamento e transformar, em emoção e imagem, todos os detalhes sutis e pouco práticos que tornam um objeto especial para as pessoas".

Michael Jordan

Foi o patrocínio mais lucrativo da história do esporte e, sem dúvida, o mais caro da Nike. Mas que se mostrou uma mina de ouro, criando, com o tempo, uma submarca com quase o mesmo alcance da própria Nike. Como o próprio Knight assumiria, "foi a melhor decisão que já tomei na vida".

Em 1984, a lenda do basquete Michael Jordan era apenas um novato, prestes a fazer sua primeira temporada como profissional. Mas o consultor de marketing da Nike, Sonny Vaccaro, viu algo no jovem jogador. Vaccaro era ex-professor de educação física,

À ESQUERDA: Hatfield desenhou as "bat botas" de Michael Keaton em *Batman* (1989).

adepto de apostas em eventos esportivos e o homem que, de maneira controversa, foi pioneiro na ideia de pagar técnicos universitários para equiparem seus jogadores com tênis da Nike (ver p. 22). Ele tinha certeza de que valia a pena apostar tudo para assinar com Jordan e fazê-lo usar Nike, mesmo que isso significasse colocar seu emprego em risco.

Foi uma negociação difícil. Jordan era uma incógnita que nunca tinha usado tênis da Nike, e Vaccaro estava propondo oferecer a ele o dobro do orçamento anual de patrocínio que a empresa destinava a três ou quatro jogadores. Além disso, a Nike estava mais associada ao modesto atletismo do que ao basquete, e se dizia que Knight vinha inclusive considerando extinguir o departamento dedicado ao esporte. Para complicar ainda mais, a Nike havia acabado de registrar seu primeiro prejuízo trimestral.

Portanto, não é de se estranhar que outra estrela em ascensão do basquete, Magic Johnson, tenha rejeitado as investidas da Nike assim que ficou claro que a empresa não poderia, ou não queria, pagar o que ele estava pedindo. A Nike lhe ofereceu um pacote considerável de ações – um pacote que ninguém sabia na época que valeria uma fortuna nos anos seguintes. Johnson acabou assinando com a Converse por apenas US$ 100 mil.

À DIREITA: Michael Jordan jogando pelo Chicago Bulls em 1991.

BULLS
23

Não surpreende que Jordan tenha dito que não conhecia a Nike e que também queria assinar com a Converse (que já patrocinava a lenda do basquete Larry Bird e, naquele momento, também Johnson) ou com a Adidas, cujos tênis ele já usava para treinar. Mas a Adidas não lhe apresentou um contrato, e a oferta da Converse foi tão insignificante quanto a feita para Johnson.

O técnico da seleção dos Estados Unidos, George Raveling, o executivo de promoções da Nike para a NBA (a liga de basquete profissional), Howard White, e a mãe de Jordan, Deloris, ajudaram na negociação com o jogador e a moldar o acordo com a Nike. Não foi apenas o dinheiro que o convenceu, embora isso certamente tenha ajudado: a Nike lhe ofereceu US$ 500 mil por ano durante cinco anos. No entanto, o contrato não incluía o Mercedes 380SL vermelho que Jordan, então com apenas 21 anos, exigia de qualquer interessado. Em vez disso, durante as negociações, a Nike colocou duas miniaturas de Mercedes sobre a mesa da sala de reuniões. "Com o dinheiro que você vai ganhar, poderá comprar quantos carros quiser", disse Vaccaro a Jordan.

Jordan ganhou a oportunidade não só de ser visto usando os tênis da Nike como também de ter seu próprio par de tênis, personalizado de acordo com sua vontade. "Ninguém nunca havia pegado um jogador, criado tênis e roupas no seu estilo e lançado tudo ao mesmo tempo", disse Peter Moore, então diretor de criação e designer de calçados da Nike (e, mais tarde, presidente da

Adidas). Mas essa não era a única novidade: foi Deloris que deu a ideia de pagarem a Jordan uma participação inicial de 5% sobre os lucros dos tênis que levavam seu nome. Na época, ele não tinha como saber quanto renderia esse acordo pioneiro de marketing esportivo. Hoje, dizem que Jordan recebe pelo menos US$ 150 milhões em *royalties* todos os anos.

O primeiro modelo Jordan foi lançado ao público em abril de 1985. Seria o início da marca Jordan, que, até 2022, estava avaliada em US$ 5 bilhões, representando mais de um décimo de todas as vendas da Nike.

O acordo com o jogador se revelou uma inesperada fonte de lucro também para a Nike. A empresa, que inicialmente lançou o tênis em apenas seis estados norte-americanos, esperava vender cerca de 100 mil pares no primeiro ano. Em vez disso, vendeu 450 mil pares e gerou mais de US$ 100 milhões em receita. "Eu sou o salvador da Nike", brincou Vaccaro certa vez. Mais tarde, ele acrescentou: "Ninguém no mundo poderia imaginar o que o Air Jordan se tornaria. Nem eu acreditava que isso poderia acontecer, porque ninguém tinha feito o que a Nike fez".

Da mesma forma, pode-se afirmar que o fenômeno da parceria com Jordan – impulsionado pela sensacional carreira do jogador, que levou o Chicago Bulls a seis campeonatos da NBA e o atleta a ser considerado o mais valioso da liga por cinco vezes – despertou uma verdadeira obsessão por tênis

Essa obsessão, em alguns momentos, tomou uma forma literalmente mortal. As pessoas tinham seus Jordans roubados. Em maio de 1989, um adolescente do Estado de Maryland foi encontrado estrangulado, e a polícia especulou que a motivação do assassino, um jovem de 17 anos, era roubar os Air Jordans da vítima. "O Tênis ou a Vida", dizia a manchete da *Sports Illustrated*, culpando as marcas de roupas esportivas, como a Nike, por usarem "campanhas publicitárias multimilionárias, superestrelas como porta-vozes e produtos extremamente chamativos e caros contra jovens influenciáveis para criar um *status* ilusório e alimentar os famintos por autoestima".

Mas a marca Jordan também repercutiu de maneira positiva: "O esporte está no coração da cultura norte-americana, então já existe muita emoção envolvida", afirmou Knight à *Harvard Business Review* em 1992. "Emoções são sempre difíceis de explicar, mas existe algo de inspirador em ver atletas superarem seus limites. Não é possível explicar muita coisa em um comercial de 60 segundos, mas, quando ele mostra Michael Jordan, não é necessário."

Incrivelmente, a Jordan Brand – criada em 1997 e que inclui a linha de calçados – ainda gerava US$ 2,8 bilhões em vendas para a Nike em 2018. Isso após quinze anos da aposentadoria de Jordan do basquete. E, em abril de 2023, um par de Air Jordans 13 de 1997 "usado em jogo" foi vendido por US$ 2,2 milhões em um leilão, estabelecendo um novo recorde mundial como os tênis mais valiosos já vendidos (até o momento em que este livro foi publicado). O recorde anterior, de 2021, também foi de um par de Jordans. E o anterior, de 2020? De outro par de Jordans.

E a concorrência? Em 2003, a Nike comprou a Converse, que estava falida.

ABAIXO: Nike Air Jordan na quadra de basquete.

Tecnologia

Embora os tênis Nike sejam usados pela maioria dos fãs como uma declaração de estilo e sejam confortáveis, a tecnologia (mesmo a caseira, do tipo "faça você mesmo") é a pedra fundamental da empresa. Imagine, por exemplo, o cofundador Bill Bowerman despejando uma mistura de borracha em uma máquina de *waffle* porque notou que as reentrâncias – invertidas para formar pequenas saliências quadradas – poderiam ser uma alternativa mais flexível e adequada para diferentes superfícies do que os cravos de corrida. O resultado? A possibilidade de dar a um dos primeiros tênis da Nike um novo tipo de solado, de acetato-vinila de etileno (EVA), para obter uma melhor tração. É claro que muitas pessoas escolhem os tênis Nike pela estética – uma das razões de a marca lançar centenas de estilos todos os anos. No entanto, o design dos calçados da marca sempre priorizou inovações tecnológicas para aprimorar sua funcionalidade.

E, apesar de não ser tão conhecida por seus avanços no mercado têxtil, a Nike também desenvolveu, por exemplo, seu próprio tecido de microfibra de poliéster, o Dri-FIT, em 1991.

À DIREITA: a tecnologia está no coração do design da Nike.

THIS IS NOT A RUNNING SHOE.
HIS IS A SUPER-TUNED BLAST OF GO-FAST UNDER THE HOOD, A BIG BREATH OF NITROUS WHEN
OU NEED IT, WITH PURE NIKE SHOX RESPONSIVE CUSHIONING TECHNOLOGY TO HARNESS EVERY
AST BIT OF HORSEPOWER. SO BE READY WHEN YOU PUT YOUR FOOT TO THE FLOOR. THE NIKE SHOX
URBO AND OTHER TOOLS FOR BETTER RUNNING AT NIKERUNNING.COM.
RUN

Em 2022, veio o Forward, material patenteado de densidade mais fina que a da malha tradicional, feito de flocos de plástico reciclado unidos por puncionadeiras adaptadas.

Nike Air

Em 1977, ao apresentar sua ideia de criar uma geração de tênis Nike mais elásticos, flexíveis e acolchoados, Franklin Rudy posicionou o design de tênis em uma nova direção, mais tecnológica. Talvez não surpreenda o fato de que Rudy fosse ex-engenheiro aeroespacial. Além disso, ele havia levado a ideia primeiro para a Adidas, que a recusou.

A proposta consistia em construir bolsas de ar – mais precisamente, bolsas de uretano infladas com gás – diretamente na entressola, de modo que o impacto do pé no chão não fosse absorvido apenas por um material sólido, por mais flexível que fosse. A pressão do ar nessas bolsas, de certa forma, impulsionaria o pé para cima. E, o mais importante, as bolsas não perderiam a resistência com o tempo, como acontece com a espuma. (As bolsas foram fabricadas por uma empresa baseada no Missouri chamada Tetra Plastics, uma das poucas empresas que a Nike compraria, em 1991.) O primeiro tênis a incorporar a tecnologia Air, como a Nike a chamaria, foi o Tailwind, lançado em 1979.

Foi um sucesso imediato. Os corredores que escolheram o Tailwind o fizeram com base em sua própria experiência, mas, na década seguinte, estudos da

Universidade do Tennessee concluíram que os atletas que usavam esse tênis gastavam menos energia do que quando estavam com os modelos de corrida convencionais da época. A cada contato do pé com o chão, as bolsas de ar o empurravam para cima, proporcionando propulsão ao corredor. Essa foi a germinação de uma ideia que, muitos anos depois, se mostraria controversa no atletismo de alto nível (ver a seção "React", na p. 90).

Mas foi preciso uma visão vinda de fora para perceber o potencial de marketing e estilo daquilo que o engenheiro havia criado. O Tailwind tinha tecnologia incorporada. Era colorido e ousado. No entanto, à primeira vista, parecia um tênis de corrida convencional. O designer Tinker Hatfield percebeu que deixar a tecnologia visível faria toda a diferença.

O Tailwind 92, lançado em 1992, fez exatamente isso. Mas, aparentemente, o Air Max 1, lançado em 26 de março de 1987 (assim como o Air Sock, o Air Revolution, o Air Safari e o Air Trainer 1), transformou a ideia em uma nova e lucrativa franquia. Hatfield, como o homem por trás do "ar visível", estava indo em direção a uma mudança para "um design mais leve, descontraído, com influências da cultura de rua e mais inspirador". E acrescentou: "Eu apenas trouxe essa mudança para o ramo calçadista quando ninguém mais o fez. Havia uma forte disposição para experimentar algo novo".

Segundo o designer, ele se inspirou principalmente no Centro Georges Pompidou, em Paris.

A inovação radical do projeto consistia em expor os serviços do edifício – fiação elétrica, encanamento, dutos de ar e assim por diante, que normalmente ficavam ocultos – do lado de fora, para que todos pudessem vê-los. Seguiu-se a lógica de fazer o mesmo com a tecnologia de um tênis.

A ideia não escapou de questionamentos dentro da Nike. Alguns disseram que aquilo era ir longe demais; que os consumidores poderiam ter medo de que as bolsas estourassem. Sim, era uma jogada de risco, mas o diretor de inovação em amortecimento da marca, David Forland, apoiou a ideia até a produção e provou que a aposta tinha valido a pena. Foi o início de uma linha de produtos que se tornaria o carro-chefe da Nike, com várias versões ao longo do tempo – do Air Max 90 ao Air VaporMax –, muitas delas também desenhadas por Hatfield.

A Nike não perdeu a oportunidade de aprimorar a ideia. O Air Max BW, de 1991, assinado por Tinker Hatfield (BW como abreviação de "Big Window", ou "Janela Grande"), ampliou a visibilidade da bolsa de ar transversalmente na entressola, proporcionando, como o nome sugere, uma janela maior para ela. O Air Max 93, por sua vez, foi além e encaixou a janela na área do calcanhar. Em seguida, o Air Max 95, projetado por Sergio Lozano, incluiu duas janelas na parte frontal da entressola, além daquela no calcanhar. Inevitavelmente, o Air Max 360,

ACIMA: Air Max 1, com a tecnologia de ar visível.

lançado em 2006, veio com a bolsa de ar visível em toda a extensão da entressola, tornando-se o primeiro tênis a substituir completamente o uso de espuma nessa parte do tênis.

Em seguida, a ideia evoluiu ainda mais no Air VaporMax, em que a parte superior é fundida diretamente na bolsa de ar multicâmara da entressola, eliminando por completo a espuma. Quando a Nike esgotou as formas de deixar as bolsas de ar mais visíveis, voltou-se para a criação de bolsas maiores: o Air Max 2090, lançado em 2022, veio com uma unidade de ar contendo 200% mais gás do que os modelos anteriores.

Ou seja, cada variação da série Air vinha cada vez mais técnica e disposta a aumentar a visibilidade da engenharia destinada ao melhor amortecimento possível. Funcionou nas pistas e nas ruas. A essa altura, a Nike não era ingênua a ponto de não perceber que estava definindo e aperfeiçoando uma estética. Como Hatfield declarou: "Nosso principal cliente é o atleta. Mas também sabemos que a maior parte das nossas vendas vem de pessoas que buscam conforto e estilo. É como o carro que atinge 150 quilômetros por hora. Ninguém dirige a essa velocidade, mas os carros mais bacanas são os mais velozes".

A Nike (...) estava definindo e aperfeiçoando uma estética.

Flyknit

Os designers da Nike constantemente iam buscar inspiração fora do universo calçadista. Tinker Hatfield era um grande defensor de viagens, explicando, por exemplo, como uma exposição sobre uma técnica de cestaria africana antiga levaria à criação de um cabedal com trama semelhante à de um cesto em modelos como o Air Footscape, o Free Inneva Woven 2 ou o ACG Watercat.

Lançado nos Jogos Olímpicos de 2012, em Londres, o Nike Flyknit Racer foi o primeiro tênis de corrida a ser confeccionado com um fio de alta resistência, o que permitia que ele pesasse apenas 160 gramas. A Nike levou quase uma década para desenvolver o Flyknit,

À DIREITA: Nike Air More Uptempo, com a tecnologia Air em toda a entressola.

24
AIR

FIT TO fly
NIKE FREE FLYKNIT
THE NEW NIKE FREE FLYKNIT COMBINES THE REVOLUTIONARY SECOND-SKIN FIT OF FLYKNIT WITH THE ULTIMATE FLEXIBILITY OF NIKE FREE FOR A MORE SUPER NATURAL RIDE.
NIKE.COM/FREEFLYKNIT

e esse desenvolvimento contínuo fez com que em 2015 houvesse 500 patentes relacionadas à tecnologia. O resultado compensou: além de ser mais leve do que o couro (60 gramas, em média), o Flyknit era mais respirável e mais flexível, além de apresentar melhor ajuste, moldando-se imediatamente ao formato do pé, e não ter costuras que pudessem causar atrito.

Os passos que levaram ao Flyknit são claros. A Nike sempre manifestou seu desejo de encontrar um material que fizesse um tênis ser tão leve e fácil de calçar quanto uma meia, mas sem sacrificar a estabilidade e o suporte de um modelo tradicional. O Sock Racer era semelhante a isso, surgindo dos experimentos da marca com tecidos no final dos anos 1980, assim como Bowerman havia experimentado cabedais de *nylon* na década de 1970.

Os materiais têxteis entregavam leveza, mas nem sempre proporcionavam a estrutura necessária. Esse foi um problema que, em parte, levou ao desenvolvimento do Air Huarache, de 1991, com seu cabedal de neoprene. Também resultou na criação do futurista Nike Air Kukini, em 1999, projetado por Sean McDowell (que também desenharia o Air Max Plus e o Mayfly) e que representou uma tentativa de diminuir o cabedal usando um material extensível coberto por uma estrutura de suportes de borracha.

À ESQUERDA: anúncio do Flyknit da década de 2010

A funcionalidade do Kukini foi mais um ponto de partida do que algo plenamente desenvolvido. No entanto, o tênis obteve um grande sucesso no Japão, que adorou sua estética *sci-fi*. Esse sucesso inclusive levou a uma colaboração entre a Nike e o estilista Junya Watanabe, ex-pupilo da grife Comme des Garçons. No ano seguinte, o Kukini seria seguido pelo Air Presto, cujo cabedal era feito de mesh, espécie de tela utilizada na indústria médica.

Em 2008, a Nike apresentou sua tecnologia Flywire, que utilizava fios leves e de alta resistência como uma forma de cabeamento de apoio exatamente no ponto em que o suporte do pé era necessário – assim como cabos de aço em uma ponte suspensa. O desenvolvimento que se seguiu, em nível tanto microscópico (em boa parte resultado de avanços em física e química assistidos por computador) quanto mecânico (como a adaptação de máquinas de fabricar meias para produzir cabedais de calçados), levou à criação do Flyknit. Essa tecnologia inovadora deu o suporte ideal nos pontos necessários, possibilitando que o material se expandisse em algumas direções e permanecesse estável em outras.

Embora crucial para o desempenho dos atletas, o ajuste não foi o único benefício que o cabedal de peça única do Flyknit proporcionou. Ele também permitiu mais expressões criativas em cores, estampas e texturas do que o couro. Isso se tornou uma vantagem nas colaborações com estilistas, como o japonês Hiroshi Fujiwara (em sua linha Nike HTM, de 2002), e misturou performance com moda – principalmente quando o rapper americano Kanye West começou a usar um Flyknit em 2012.

Além disso, o Flyknit representou um grande avanço na redução de resíduos de corte e costura na fabricação (diminuindo o desperdício em cerca de 60%), principalmente depois que a Nike passou a usar fio de poliéster reciclado. Foi uma medida importante para uma empresa cujas práticas de produção já tinham sido alvo de críticas no passado (ver p. 22).

O Flyknit também permitiu mais expressões criativas em cores, estampas e texturas do que o couro.

O Flyknit foi uma ideia tão boa que não surpreende que a Nike a tenha utilizado em diversas modalidades esportivas, como o futebol americano, o futebol, o tênis e o golfe.

Também não causa surpresa que essa invenção tenha dado início a uma corrida das outras marcas por tecnologias que produzissem sua própria malha para cabedais. A Adidas seguiu o exemplo, com o seu Primeknit, e a Nike processou a empresa alemã por violação de direitos autorais – um caso que acabou sendo arquivado. A Nike também processou a Skechers. É compreensível que a Nike proteja sua ideia, pois acredita que a tecnologia dos cabedais de malha represente não só o futuro da empresa como, em última análise, o de todo o setor de calçados esportivos.

O tênis com cadarço automático

Talvez a mais futurista de todas as inovações da Nike seja o tênis com cadarço automático. Foi uma ideia de Tinker Hatfield para o então fictício Nike Mag (assim batizado em homenagem ao skate do personagem Marty McFly que usa levitação magnética), no filme *De volta para o futuro 2* (1989). No entanto, Hatfield sempre achou que a ideia tinha potencial para ser colocada em prática. Era algo que permitiria que os jogadores de basquete, por exemplo, afrouxassem seus tênis nos intervalos e os ajustassem rapidamente quando a partida recomeçasse. Também ajudaria pessoas com mobilidade reduzida e que não conseguem alcançar os cadarços facilmente. E, claro, seria uma mão na roda para os preguiçosos, além de combinar com o estilo das ruas de usar tênis desamarrados para poder colocá-los e tirá-los com facilidade.

No entanto, em 1989 poucos poderiam imaginar que tênis com cadarços automáticos seriam algo além de uma ideia engraçada. Em 2015, quando um único par de tênis chamado Adapt BB foi leiloado para a Fundação Michael J. Fox, foi como se aquela ideia tivesse se tornado realidade. O par tinha o que a Nike chamou de E.A.R.L., ou Electro Adaptive Reactive Lacing ("Laço Reativo Eletroadaptativo").

À DIREITA: Michael J. Fox usando o fictício Nike Mag em *De volta para o futuro 2* (1989).

Embutido nos tênis e controlado por um botão na lateral ou por um aplicativo, havia, surpreendentemente, um minúsculo motor conectado a uma série de cabos também minúsculos, que afrouxavam ou apertavam conforme a necessidade do usuário. A Nike lançou uma segunda geração desse calçado para venda ao público e, em seguida, também instalou a tecnologia nos tênis de basquete.

Lunarlon

A tecnologia Lunarlon, desenvolvida pelos designers Eric Avar e Kevin Hoffer, foi inspirada, como o nome sugere, naquelas imagens de astronautas caminhando – ou, mais precisamente, saltando – na superfície da Lua. Avar e Hoffer queriam um sistema que protegesse o pé do impacto dos aproximadamente 40 mil passos que um maratonista dá entre o início o fim da prova, ou que fornecesse amortecimento para jogadores de basquete na aterrissagem de seus saltos – e que, talvez, também lhes proporcionasse maior impulso ao saírem do chão. O material padrão de amortecimento na indústria de calçados esportivos era o EVA, usado pela primeira vez por Bowerman no Nike Waffle Racer, de 1974.

Após testar, sem sucesso, diversos materiais, a Nike resgatou um parecido com espuma – uma mistura de EVA e borracha nitrílica –, desenvolvido anos antes pelo seu Grupo de Interesse em Materiais Avançados, mas para o qual, na época, não havia sido encontrada aplicação. Isso talvez tenha ocorrido porque, embora fosse cerca de 30% mais leve do que o EVA, ele também se mostrava "grudento como *marshmallow* derretido", como descreveu Hoffer certa vez.

Foram necessários inúmeros experimentos – incluindo congelar o material na Nike Innovation Kitchen – até a empresa desenvolver um material estável e que podia ser espremido em uma camada de espuma de EVA (que a Nike chama de Phylon) a qual mantinha tudo no lugar, expandindo-o com calor e, depois, resfriando-o em um molde. Em seguida, adicionaram-se sulcos ao longo da entressola para que ela pudesse se comprimir além do usual.

A sensação de "correr sobre almofadas" (...) sem adicionar peso ou volume.

Após a criação de um protótipo em 2005, os primeiros tênis a incorporarem oficialmente a tecnologia foram o Lunaracer (para maratonistas) e o Hyperdunk (para jogadores de basquete), lançados em 2008. Esses modelos proporcionavam o que Hoffer descreveu como "a sensação de correr sobre almofadas". No entanto, o mais importante é que ofereciam essa experiência sem adicionar peso ou volume. A Lunarlon aumentou significativamente a vida útil das entressolas de espuma, que com o tempo se desgastam e não voltam ao normal conforme as pequenas bolhas do material vão estourando e se comprimindo. Os dois designers logo perceberam o potencial da tecnologia para outras aplicações, especialmente em tênis para skate, como o SB Eric Koston 1 (1997), e em botas de *snowboard*, como a LunarENDOR (2014).

React

Mas a Nike sabia que, embora a Lunarlon representasse uma grande evolução no mundo esportivo, ela não era perfeita. Em 2017, surgiu outro avanço na tecnologia de amortecimento, chamada React. Segundo a empresa, essa espuma eliminava ou amenizava significativamente as limitações da Lunarlon: a compressão sofrida pelas espumas ao longo do tempo e a necessidade de proteção por uma estrutura mais firme (o que acabava restringindo a capacidade de resposta da espuma interna), sem falar no fato de o encaixe da Lunarlon na estrutura de proteção exigir a colagem de duas densidades diferentes de espuma, algo complexo e delicado.

React era uma peça única e não utilizava EVA, e sim uma base de elastômero termoplástico (TPE). A Nike empregou análise computacional para ajustar com precisão o amortecimento da React em diferentes áreas da entressola, otimizando os benefícios para os corredores. Segundo a empresa, a React era 11% mais macia e, mesmo assim, oferecia 13% mais "retorno de energia" do que a Lunarlon.

Na verdade, não havia qualquer retorno de energia para o corredor nem propulsão para o pé quando o material retornava à forma original. O que ocorria é que, enquanto a espuma de EVA tradicional tendia a dissipar de 40% a 60% da força necessária para comprimi-la durante a corrida, a React "roubava" bem menos do atleta e recuperava sua forma mais rapidamente. Pesquisas realizadas pela empresa apontaram que ela incentivava os corredores a correrem – uma espécie de nirvana da Nike.

Com o tempo, esses avanços geraram controvérisa, pois se questionava se a React – e tecnologias semelhantes de outras marcas – havia transformado os tênis em auxílios para correr. Quando, em 2019, o queniano Eliud Kipchoge se tornou a primeira pessoa a completar uma maratona em menos de duas horas, essa façanha ficou um pouco manchada pelas críticas aos seus tênis, um Nike Vaporfly – com o "retorno de energia" turbinado por placas de fibra de carbono embutidas nas entressolas de espuma React.

ABAIXO: anúncio da React dos anos 2010.

A preocupação de que esses tênis representassem uma forma de melhorar a performance foi tamanha que levou a World Athletics (a entidade máxima do atletismo mundial) a bani-los das competições, estabelecendo novas regras para a espessura máxima da entressola e o número de placas de carbono permitidas, além de exigir que os tênis estivessem disponíveis para compra por qualquer pessoa no mínimo quatro meses antes de serem usados em uma prova.

No entanto, a tecnologia React fez sucesso por seu amortecimento e sua firmeza, aparecendo pela primeira vez em dois modelos de tênis de basquete – o React Hyperdunk (2017) e o Jordan Super.Fly (2017) – e, depois, no tênis de corrida React Element 87 (2019) e em muitos outros modelos de *lifestyle*. Ao que parece, muitas pessoas gostaram de dar mais "impulso" aos seus passos. Na China, a Nike até lançou uma experiência imersiva chamada Reactland na qual os consumidores corriam em uma esteira e se tornavam os heróis de um jogo. Os jogadores podiam controlar um avatar deles mesmos correndo por uma paisagem fictícia que representava a maciez, a leveza e a elasticidade dos tênis.

A React não foi a última das iniciativas da Nike em amortecimento. Outro sistema, o ZoomX (lançado em 2016), foi elaborado com o polímero leve Pebax. O tênis Joyride, lançado em 2019, utilizou milhares de bolinhas de TPE estrategicamente posicionadas em cápsulas ao longo da entressola, permitindo a expansão da espuma em todas as direções e criando uma palmilha mais personalizada.

Essa inteligência científica toda está no radar dos fãs da Nike? Alguns deles ainda se identificam mais com os modelos clássicos, hoje tecnologicamente ultrapassados. Mas, para a empresa, são os novos, tecnicamente mais avançados, que garantem o desenvolvimento do mercado de tênis.

A preocupação de que esses tênis representassem uma forma de melhorar a performance foi tamanha que levou a World Athletics (a entidade máxima do atletismo mundial) a bani-los.

Tudo isso certamente gerou algumas curiosidades – por exemplo, o GO FlyEase, lançado em 2021 com adaptações semelhantes. Mecanicamente, é uma forma totalmente nova de entender e usar tênis. O FlyEase permite colocar e tirar o tênis sem tocá-lo. Como assim? O tênis é estruturado em uma faixa elástica durável que o envolve por completo e inclui uma dobradiça no calcanhar. Quando a pessoa pisa com o tênis, a dobradiça se fecha e a faixa se ajusta ao redor do pé. Para tirar o calçado, basta pressionar o calcanhar de um pé com o outro pé. Esse movimento abre a dobradiça e solta o tênis. Parece estranho? Talvez agora. Mas é um exemplo do espírito inovador da Nike, sempre voltado para o futuro.

Na cultura

Embora a Nike fabrique tênis repletos de elementos de design e engenharia, seu significado para a cultura pop ultrapassa o produto em si. Mais do que muitas grandes marcas, ela possui um valor simbólico – de *status*, cultura, identidade – que gera repercussão suficiente para se tornar tema de um filme, *Air: a história por trás do logo* (2023), de Ben Affleck.

Presença em filmes

Há uma cena em *Faça a coisa certa* (1989), de Spike Lee, na qual um dos personagens, Buggin' Out, olha para um dos tênis que está usando e fica horrorizado. Um homem empurrando uma bicicleta havia acabado de esbarrar nele, deixando o tênis marcado com um arranhão. "O meu Nike Air Jordan branco, que acabei de comprar!", exclama Buggin', exaltado. O ciclista se desculpa, mas claramente não entende a gravidade do que aconteceu. Os amigos de Buggin' se manifestam: "O seu Jordan já era!", diz um. "É melhor jogar fora – ele tá destruído, cara!", diz outro. "Quanto você pagou? US$ 108 com imposto!" "Eu devia fazer você me comprar outro!", conclui Buggin'. Mas o ciclista simplesmente não

À DIREITA: Buggin' Out contrariado com o arranhão em seus tênis no filme *Faça a coisa certa* (1989).

33
Tropicana

entende: toda aquela confusão por causa de uma pequena marca em um tênis?

Faça a coisa certa não foi a única produção em que um par de Nikes teve papel de destaque. Spike Lee – fã de longa data da marca e que apareceu com Michael Jordan em comerciais cômicos da Nike – também destacou o Air Foamposite Pro em outro de seus filmes: *Jogada decisiva* (1998). Também há, claro, os *Space Jam* (a partir de 1996) e o Air Mag projetado para *De volta para o futuro 2* (1989), além do Air Trainer 3, criado para *Batman* (1989).

Outros exemplos: o Nike Vandal usado por Kyle Reese, o viajante do tempo de *O exterminador do futuro* (1984) e *O exterminador do futuro: gênesis* (2015), apesar das tentativas da Nike de convencer o figurinista de que Reese deveria calçar um Air Force 1. *Os Goonies* (1985) mostra dois dos personagens usando Vandal Supreme e Terra TC, com um dos pares – chamado de "Slick Shoes" ("Tênis Escorregadios") – adaptado para soltar óleo dos calcanhares e os garotos escaparem de perseguidores. Tom Hanks usa o Air Force 2 ao pular em um teclado gigante em *Quero ser grande* (1988) e o Cortez em *Forrest Gump: o contador de histórias* (1994) – "Corra, Forrest, corra!" –, que apresenta o personagem homônimo iniciando por acaso o hábito de correr.

Há também o Air Woven do personagem de Bill Murray em *Encontros e desencontros* (2003), filme em que o estilista Hiroshi Fujiwara até faz uma ponta; e o Cortez

usado por Leonardo DiCaprio como o ex-corretor de valores Jordan Belfort em *O lobo de Wall Street* (2013). *Homens brancos não sabem enterrar* (1992), inevitavelmente, mostra vários modelos da Nike ao longo do filme. Em *George, o rei da floresta* (1997), Brendan Fraser é transportado em um caixote de volta para a sua terra natal, na África, e sai dele com o Air More Uptempo nos pés.

ACIMA: o personagem Forrest Gump, vivido por Tom Hanks, com o modelo Cortez.

Naturalmente, dado o crescente poder do merchandising da Nike, a empresa se tornaria mestre no assunto, com algumas inserções fazendo mais sentido no enredo do filme do que outras. Mas, em muitos casos, a presença de um par de Nikes em cena foi mais uma escolha do diretor ou do figurinista por simplesmente considerarem a marca a opção mais adequada. Isso ocorre em parte porque, embora outras marcas também fabricassem excelentes tênis, elas não tinham o mesmo apelo cultural da Nike.

Inconformismo

A Nike tem cultivado a imagem de contestadora das normas de cada época. Embora seja uma empresa global, avaliada em mais de US$ 100 bilhões e profundamente integrada às estruturas de poder do capitalismo (como sociólogos poderiam apontar), e sem receio de usar sua influência para apoiar pautas e candidatos que favoreçam seus interesses, sua face pública reforça a reputação de desafiar convenções, promovendo o inconformismo como parte de sua identidade.

A Nike tem se destacado pelo apoio a diversos grupos socialmente excluídos de forma inovadora. Essa postura inclui iniciativas como o primeiro tênis de basquete projetado exclusivamente para mulheres e o primeiro tênis esportivo com o nome de uma atleta, o Air Swoopes, em 1995, feito para a jogadora da WNBA (a liga profissional de basquete feminino) Sheryl

À DIREITA: a superestrela do basquete Sheryl Swoopes.

USA

ACIMA: Hijab ("véu") da Nike, desenvolvido para as atletas muçulmanas.

Swoopes. Desde 1994, a empresa promove a prática esportiva entre meninas e, a partir de 2017, passou a atender às necessidades religiosas de atletas muçulmanas.

Ao apoiar Colin Kaepernick em 2018, mesmo diante de pedidos de boicote (ver p. 25), e ao destacar Shaquem Griffin, novato e amputado da liga de futebol americano, com um patrocínio na mesma época, a Nike repetidamente desafiou as convenções para reforçar sua imagem de marca rebelde. "Gostamos de um pouco de loucura", afirmou Knight à CBS em 2016. "Só não queremos exagero."

Essa estratégia vem funcionando, em parte, porque desde 2017 a Nike tem focado os consumidores jovens, metropolitanos e essencialmente urbanos, que vivem nas cidades mais dinâmicas e prósperas do mundo, como Nova York, Los Angeles, Londres, Berlim, Pequim, Seul e Tóquio. Em outras palavras, a Nike direcionou sua atenção ao seu público principal – aqueles mais inclinados a se identificarem com a postura da marca em questões polêmicas da atualidade.

Muito antes disso, porém, a Nike já estava aberta a ideias inusitadas: por exemplo, Andre Agassi jogando tênis "rock 'n' roll" ao lado dos Red Hot Chili Peppers em 1991 (e com o próprio tenista saindo de cena murmurando "Isso foi estranho"). Ou o jogador de basquete Penny Hardaway, em 1996, falando por telefone com L'il Penny, uma versão pequena dele mesmo em forma de boneco. E até mesmo um comercial de 2007 para o mercado brasileiro com dançarinas usando roupas de hospital, em uma crítica à cirurgia plástica.

A Nike tem se mostrado disposta a desafiar os métodos tradicionais de construção de marca, adotando abordagens não convencionais que, às vezes, chegam a repreender espectadores e potenciais clientes. "Não sou um modelo a ser seguido", declara o jogador da NBA Charles Barkley em um comercial de 1993. "Não me pagam para ser modelo para alguém. Me pagam pra causar estrago na quadra. Os pais é que deveriam ser os modelos. Não é porque eu faço enterradas no basquete que eu deva criar seus filhos."

ACIMA: o tenista John McEnroe é atualmente o embaixador mais antigo da Nike.

De fato, a escolha dos embaixadores da Nike foi crucial para construir o *status* de antissistema da marca – a "cultura do azarão", como Knight a definiu. Embora a empresa continue a fechar patrocínios milionários com atletas, trata-se de profissionais que sempre se destacaram por algum diferencial, seja na atitude, seja na habilidade. Essa abordagem permitiu que a Nike contribuísse para a modernização do esporte em questão e para o alinhamento dele às tendências, tornando-o, como disse Tinker Hatfield, "parte da cultura de rua".

E sempre foi assim. Como diria Pat Tyson sobre o corredor Steve Prefontaine, seu ex-companheiro de equipe e primeiro embaixador da Nike, "Prefontaine era extravagante – dirigia carros conversíveis usando um casaco de couro com franjas e calças boca de sino. Ele era o cara". Knight descreveu Prefontaine como "a alma da empresa". Mas Prefontaine morreu tragicamente, quando seu MG esportivo bateu em uma rocha na beira da estrada. (Sua história foi contada no filme *Prova de fogo*, de 1998, em que Prefontaine é interpretado por Billy Crudup; e Bowerman, por Donald Sutherland.) Ele ficou conhecido como "o James Dean das pistas de atletismo", e essa frase talvez tenha inspirado o pôster "Rebel with a Cause" ("Rebelde com causa"), dos anos 1980, com o tenista (e embaixador da Nike) John McEnroe fazendo uma homenagem à clássica foto de 1955, de Dennis Stock, que mostra James Dean caminhando por uma Nova York chuvosa.

Na verdade, a Nike se aproximou de McEnroe meio que por acaso em 1978, época em que pretendia contratar Jimmy Connors, que havia concordado em usar os tênis da Nike. Mas Connors mostrou hesitação na hora de assinar o contrato, e a Nike se afastou. Posteriormente, quando Knight foi ao torneio de Wimbledon e viu McEnroe questionar uma decisão do juiz de linha, percebeu que tinha encontrado o embaixador perfeito. "Virei fã da intensidade, da competitividade e da atitude de McEnroe", diria Knight.

"Virei fã da intensidade, da competitividade e da atitude de McEnroe."

ACIMA: Andre Agassi no US Open de 1990.

A Nike teve sorte – ou perspicácia – ao captar o carisma de McEnroe, por mais polêmico que fosse. Quando o tenista machucou o tornozelo e começou a usar Nikes de cano médio (que se tornariam o Air Trainer 1) para ajudar na recuperação, as vendas saltaram de 10 mil pares por ano para mais de 1 milhão. McEnroe é, até hoje, o atleta que está há mais tempo com a Nike.

"Quando as pessoas me diziam para pegar mais leve, e os poderosos ameaçavam me suspender, Knight me ligava e me encorajava a continuar", recorda McEnroe. "Phil era um rebelde e, talvez, ele me visse como alguém com um espírito semelhante. A Nike me retratava nos comerciais de uma forma que transformava as minhas ações – que alguns viam como negativas – em algo positivo. Acho que essa tem sido a abordagem de Phil ao longo dos anos."

Depois de McEnroe, em 1990 veio Andre Agassi, usando shorts jeans, camisetas de elastano recortadas e um Air Tech Challenge 2 rosa chamativo com grafismos para competir no Grand Slam – desafiando as regras dos

À DIREITA: Serena Williams, no US Open de 2004.

torneios da mesma forma que Michael Jordan fez no basquete com seus tênis em vermelho e preto. "Tudo começou com a minha independência e a disposição da Nike em ultrapassar limites", explicou o novo *bad boy* do tênis. "Muito disso estava ligado à minha fase rebelde. Naquele tempo, qualquer coisa que desafiasse o *establishment* me movia. As pessoas se sentiam livres para deixar o tênis ser aquilo que quisesse. Eu era apenas um adolescente disposto a arriscar, assim como a empresa que me apoiava."

Como diria Tinker Hatfield sobre ele: "Andre era único – ele morava em Las Vegas, pelo amor de Deus! Era o parceiro ideal para transformarmos o tênis em um novo tipo de esporte". Essa ideia ecoou mais tarde nas palavras de Serena Williams, que em 2003 afirmou: "Eu queria unir o esporte à moda de uma forma mais orgânica".

Lendas

Os embaixadores da Nike parecem formar uma lista com cada vez mais lendas do esporte: no futebol, nomes como Neymar, um dos primeiros atletas a criar sua linha de tênis em parceria com a marca Jordan; no golfe, Rory McIlroy e Tiger Woods (que se afastou da Nike em 2024 após uma incrível trajetória de 27 anos); no beisebol, Derek Jeter; no basquete, Bo "Bo Knows" Jackson, Kobe Bryant (que finalmente teve seu próprio tênis depois de se aposentar) e, claro, Michael Jordan; no tênis, Serena Williams, Maria Sharapova e Rafael Nadal.

A Nike também tem tido mente aberta em relação aos acordos de patrocínio, por vezes se mantendo ao lado dos seus atletas até mesmo quando se envolvem em polêmicas. A marca, por exemplo, renovou o contrato com Tiger Woods apesar do alvoroço em torno de suas infidelidades conjugais. Mas trapaças no esporte eram outra coisa. Em 2012, a Nike se recusou a renovar seu longo acordo com o ciclista Lance Armstrong. Da mesma forma, não renovou com Sharapova após a tenista admitir não ter passado em um teste de *doping* em 2018. A Nike a contratou quando ela tinha apenas 11 anos, e Sharapova chegou a ter o acordo mais caro já assinado por uma atleta. Mais tarde, constatou-se que o *doping* não foi intencional.

ACIMA: Kobe Bryant em anúncio da Nike de 2010.

Mais embaraçoso ainda, a empresa teve que enfrentar a queda de prestígio de Alberto Salazar – guru de treinamento da Nike e técnico do Nike Oregon Project, que estuda os efeitos da altitude na performance dos atletas. Em 2019, sua credencial de técnico foi revogada após acusações de facilitar *doping*. O CEO da Nike na época, Mark Parker, afirmou: "A ideia de que isso aconteça em nosso território me deixa enojado".

A Nike também foi pioneira nos contratos vitalícios, apostando que os atletas poderiam continuar a ser referência anos depois da aposentadoria. O jogador de basquete LeBron James e o jogador de futebol português Cristiano Ronaldo, por exemplo, receberam uma fortuna (em 2015 e 2016, respectivamente) para trabalhar com a Nike praticamente para o resto da vida. Se esse tipo de acordo milionário parece exagerado, um relatório já indicou que a presença constante de Ronaldo nas redes sociais gera quase US$ 500 milhões por ano para a empresa.

Não que o dinheiro sempre fale mais alto. Knight se disse arrependido por não ter sido o primeiro a firmar contratos de sucesso com alguns atletas. Embora esses profissionais venham a ganhar prestígio pelos laços com a Nike, eles também estão em busca do melhor acordo financeiro. O argentino Lionel Messi assinou com a Nike quando era jovem, mas trocou a empresa pela rival Adidas em 2006; a Nike processou Messi para tentar mantê-lo, mas um juiz espanhol decidiu a favor do jogador. E, em 2018, a lenda suíça do tênis Roger Federer recusou contrato com a Nike para buscar opções mais lucrativas.

Os acordos bem-sucedidos ajudaram a Nike a construir uma sólida reputação, tanto no universo esportivo quanto em *lifestyle*, o que se refletiu nas vendas e na adoção da marca pela cultura pop.

Colaborações e parcerias

A Nike já foi citada muitas vezes nas letras de *hip-hop* e se provou uma fonte de inspiração para várias músicas: desde "Air Force Ones", de Nelly (2002), passando por "Jumpman", de Drake (2015), até "Nikes", de Frank Ocean (2016).

Em 2007, a Nike conseguiu transformar essa conexão em uma colaboração com o rapper Kanye West – a primeira da empresa com uma celebridade que não era atleta –, resultando em alguns dos modelos mais colecionáveis. Entre eles estava o Yeezy 2 todo vermelho (o mais famoso, também conhecido como "Red October", ou "Outubro Vermelho"), desenhado com o diretor de criação da Nike, Mark Smith. Em um show, o rapper Jay-Z anunciou o modelo antes do lançamento, gritando "um salve para mim, Yeezys, Yeezys 2". O tênis continuou a render dezenas de milhares de dólares muito tempo depois de seu lançamento, em 2012.

Foi apenas a primeira de muitas colaborações que a Nike buscaria fora da arena esportiva. Presume-se que a empresa rompeu sua tradição de assinar megacontratos com megaestrelas do esporte e estabeleceu outra, com mentes criativas de renome, que poderia atrair consumidores voltados para uma cultura de rua, arte e moda mais "sofisticada".

Entre esses incontáveis colaboradores no design dos tênis estiveram não apenas West como também os

rappers Drake (2013) e Travis Scott (2017); os grafiteiros Futura 2000 (2003) e Stash (2006), e os artistas contemporâneos Piet Parra (2005) e Tom Sachs – que, após seu modelo Mars Yard, de 2012, criaria um novo conceito em tênis para a NikeCraft, a linha de desenvolvimento da Nike, chamado General Purpose Shoe.

As colaborações voltadas para o design incluíram marcas de *streetwear* como Stüssy (2000), Supreme (2002) e CLOT (2006) – sendo que essa última foi catapultada ao sucesso graças ao acordo com a Nike. Outras colaborações foram feitas com lojas especializadas em moda urbana, como a boutique de tênis Atmos, em Tóquio (2002), e a Reed Space, de Jeff Staple, em Nova York (2005). Ambas ajudaram a tornar essas cidades epicentros dos tênis mais raros da Nike. Também houve *collabs* com grandes colecionadores de tênis, como o DJ Bobbito Garcia.

A Nike trabalhou em colaboração, ainda, com nomes de peso da moda, como Rei Kawakubo (1999), criadora da Comme des Garçons, e Jun Takahashi (2010), fundador da cultuada grife japonesa Undercover (e, com a Nike, da linha técnica de corrida Gyakusou). Também foram feitas *collabs* com Riccardo Tisci (2014), então da Givenchy; Virgil Abloh (2017),

À ESQUERDA: Kanye West se apresenta no Grammy Awards de 2008 usando um protótipo do Nike Air Yeezy.

ACIMA: colaboração Nike Cortez e Comme des Garçons.

de Off-White e Louis Vuitton; com Sean Wotherspoon, em 2017, e Martine Rose, que em 2019 reinventou o desajeitado Air Monarch 4 como algo deliberadamente ainda mais desajeitado e rosa. Houve colaborações até com a Apple, a PlayStation e, em 2020, com a Ben & Jerry's – dando origem ao fantástico Chunky Dunky, que reproduzia os potes de sorvete.

Mas nem todas elas foram totalmente bem--sucedidas. O tênis Zvezdochka, do designer industrial Marc Newson, de 2004 (primeiro modelo da Nike totalmente projetado por computador), consistia em uma espécie de meia que podia ser coberta por uma parte externa perfurada. O Zvezdochka foi projetado para ser usado na Estação Espacial Internacional. Ele nunca chegou a ir para o espaço, mas, mesmo assim, foi uma grande inspiração para os designs que viriam depois.

ACIMA: Nike Chunky Dunky.

Em 2004, o artista contemporâneo Stephen Powers, mais conhecido como ESPO, convenceu a Nike a criar seu primeiro tênis transparente, o ESPO Air Force 2 Low, descrito por ele como "um tênis de performance, mas de performance artística". Os design*ers* da empresa advertiram que a verdadeira performance do calçado poderia ser um problema. "Em duas quadras, o plástico já estava machucando meus pés", lembra Powers. "Nunca mais os usei."

No fim das contas, esses casos não podem ser chamados de fracassos. De acordo com Mark Parker, ex-CEO da Nike, "as colaborações nos levam ao limite como empresa – e essa troca estimula nossa cultura de criatividade e inovação". Elas ajudaram a consolidar a Nike como uma potência não apenas em inovação esportiva como também no universo de moda e estilo.

Design e estilo

Embora a funcionalidade tenha sido a principal preocupação nos designs de Bowerman e Knight para a Nike, eles sempre tiveram algum cuidado com o estilo. Entre os primeiros três modelos da marca estava, por exemplo, o Flyte-Wet, com diversos atributos que facilitavam a corrida: "Solado de borracha natural, entressola de esponja com revestimento para todos os tipos de terreno e acolchoamento no tornozelo", descrevia um anúncio da época. Mas também foi o primeiro tênis com "revestimento de poliuretano de aparência líquida, para um brilho permanente". Isso não acrescentava nada à experiência do corredor. Era apenas bonito.

"Quando começamos, tínhamos doze estilos de tênis, e três deles eram do mesmo modelo", comentou Knight, rindo, durante um *tour* por uma de suas lojas com a Fox News, em 2016. "Então, fico impressionado com a quantidade de estilos que temos hoje. Dezenas de milhares ao longo dos anos. Foi um longo caminho."

À DIREITA: Virgil Abloh usando o seu par da colaboração Louis Vuitton e Air Force 1.

ACIMA: anúncio do Nike Air Tech Challenge.

Em diversas oportunidades, a Nike se mostrou capaz de reescrever as regras do design de tênis, tanto em termos tecnológicos quanto estéticos, sendo esse último muitas vezes decorrente do primeiro. Assim, a empresa conquistou uma legião de adeptos, cada um conectado ao seu estilo de preferência – alguns são apaixonados por algo mais tradicional; outros, por estilos mais excêntricos e futuristas. A marca também criou muitos designs de tênis hoje considerados clássicos. Quase todos eles foram inovadores de alguma forma em sua época – seja pela construção, seja pelo estilo, seja pela forma como foram comercializados, seja por aquilo ou por quem representavam. Alguns exemplos serão abordados a seguir.

Air Force 1

É um dos modelos mais longevos da Nike; talvez, seu tênis definitivo. Batizado com o nome do jato particular do presidente dos Estados Unidos, foi lançado em 1982, trazendo a então nova tecnologia Air. Foi o primeiro tênis de basquete do designer Bruce Kilgore, ainda que os modelos de quadra é que tenham se tornado sua marca registrada (entre eles, o Adversary, o Air Ace e o Avenger, além do Air Pressure e do Air Jordan 2). Antes disso, ele se dedicava a desenvolver tênis com cravos para atletismo, especialmente o modelo de malha Zoom, que ajudou Carl Lewis a conquistar várias medalhas de ouro nas Olimpíadas de 1984. Antes de trabalhar na Nike, Kilgore atuou no projeto de carros, incluindo o Pontiac Fiero e o Chrysler K-Car, modelo que supostamente salvou a Chrysler da falência. Ele também coprojetou o Air Max 180 e desenhou os Air Ships, entre outros tênis da Nike.

O sucesso do Air Force 1 estava longe de ser garantido. Foi a primeira vez que a Nike usou a estrutura *slip-last*, em que a parte superior é puxada sobre a fôrma (o molde no formato de pé) e costurada à entressola para tornar o tênis mais flexível. Kilgore levou amostras a universidades dos Estados Unidos para ouvir a opinião de jogadores de basquete sobre a eficiência do modelo. E ele foi aprovado.

O tênis fez sucesso no basquete. Seis dos principais jogadores da época, "os seis originais", adotaram o Air Force 1 em seu lançamento, conferindo ao produto

ACIMA: Air Force 1.

uma credibilidade considerável. Mas também foi um sucesso na cultura de rua: o visual "limpo", a entressola espessa e a simplicidade o tornavam versátil para customizações e colaborações de design. É provavelmente o tênis da Nike mais parecido com o Converse Chuck Taylor ou o Adidas Stan Smith. Tudo isso fez com que ele seja, ao que tudo indica, o tênis mais vendido da história da empresa.

O curioso é que, olhando em retrospecto, o Air Force 1 aparentemente teria uma vida curta. A Nike decidiu descontinuar o modelo apenas dois anos após o lançamento. Ninguém sabe ao certo o porquê, mas talvez tenha sido para abrir espaço a outros estilos de referência, como o Air Jordan 1 e o Dunk, que vinham sendo desenvolvidos para 1985. O próprio Kilgore seguiu em frente, trabalhando no que pode ser considerado o primeiro tênis de luxo, na mesma linha do Air Jordan 2, com couro de alta qualidade, construção *made in Italy*, linhas inspiradas na alfaiataria e perfurações decorativas.

Mas, se a Nike não tinha certezas em relação ao Air Force 1, a moda urbana tinha. O modelo só voltou ao mercado, em 1986, porque renomados varejistas de tênis de Baltimore, como Charley Rudo Sports, Cinderella Shoes e Downtown Locker Room, convenceram a Nike a relançá-lo. Paul Blinken, da Cinderella Shoes, lembra-se das palavras da Nike: "Se vocês são loucos o suficiente para pedir, então somos loucos o suficiente para fazer". No entanto, a Nike exigiu que as lojas efetuassem pedidos mínimos enormes. Mesmo assim, no mês seguinte, as lojas já estavam precisando fazer um novo pedido requisitando uma nova cor de Air Force 1 a cada mês do contrato. Foi assim que nasceu o programa "Color of the Month" ("Cor do Mês").

O estilo se tornou um fenômeno urbano, impulsionado não pela força de marketing da Nike mas, aos poucos, pelo "boca a boca" pré-internet. A versão *triple white*, toda branca, foi logo adotada pela cena *hip-hop* de Nova York, principalmente a do Harlem. Naquele cenário, os tênis vinham ganhando prestígio cultural como itens de *status*, especialmente em uma cidade onde a população costuma andar muito. Isso rendeu ao Air Force 1 o apelido de *uptowns*, porque era preciso ir até Manhattan para comprar um par.

Esses tênis não eram procurados apenas pela estética. Eles também se destacavam pela funcionalidade: jogar *streetball* ("basquete de rua") no concreto duro era difícil para os pés, tanto que os jogadores frequentemente usavam vários pares de meias para conseguir um maior amortecimento. A tecnologia Air do Air Force 1 eliminou essa necessidade. Alguns acreditam que o Air Force 1 foi o modelo que uniu esporte – mais especificamente, o basquete – e *hip-hop* em uma estética compartilhada que se tornaria disponível em mais variações de cores do que qualquer outro tênis da Nike.

Cortez

Originalmente projetado por Bowerman e fabricado pela Onitsuka Tiger como Corsair, em 1968 (ver p. 60), o Cortez, que lançou a Nike, quase foi chamado de Aztec. Essa ideia de Bowerman era uma homenagem aos mesoamericanos que habitavam o que viria a se tornar o México. O problema? A Adidas já tinha um tênis chamado Azteca Gold – e já estava recrutando seus advogados caso a Nike não mudasse o nome do produto.

Competitivo como era, Knight não estava feliz com essa situação, especialmente em relação aos fabricantes de tênis rivais. Então, quando Bowerman perguntou "Como era o nome daquele cara que deu uma surra nos astecas?", batizar o tênis de Cortez – em homenagem ao explorador e conquistador espanhol do século XVI Hernán Cortez – pareceu o desprezo perfeito.

O que nenhum deles podia prever era como o estilo do tênis se tornaria, indiscutivelmente, um ícone: simples,

À DIREITA: a atriz Farrah Fawcett usando o Cortez.

bonito, acessível, com detalhes inovadores para a época, incluindo entressola de esponja, solado no padrão espinha de peixe e, em vez de couro, o cabedal feito de uma resina de *nylon* leve que a empresa chamou de fibra Swoosh. Um anúncio da Blue Ribbons Sports descrevia o Cortez como "o melhor tênis de longa distância do mundo", acrescentando que ele "também é ideal para uso casual".

O modelo se tornaria um ícone tão rápido que, após transformar as pessoas em, de acordo com Knight, "viciadas em Cortez", a empresa teve muito trabalho para conseguir atender à demanda. A situação se ampliou quando o atleta roqueiro Steve Prefontaine – o primeiro patrocinado pela Nike – usou o modelo nas Olimpíadas de Munique, em 1972.

Por ter captado o espírito da época, essa demanda também tornou o Cortez um tênis pelo qual valia a pena lutar. É por isso que, em 1971, após uma batalha judicial com a Onitsuka Tiger, a Nike ficou aliviada ao garantir o direito de continuar fabricando o Cortez e permitiu que o fabricante japonês seguisse produzindo sua própria versão: o Corsair. O tênis que a Nike lançou em 1972 era mais ou menos semelhante ao Corsair, embora agora carregasse o Swoosh. A publicidade que contou "A história do Cortez" riscou a Onitsuka Tiger sutilmente dos fatos.

No entanto, esse não seria o último dos desafios associados ao Cortez. Esse tênis trouxe uma lição importante para a Nike, que na época ainda era uma empresa predominantemente masculina, formada por homens unidos pela paixão pela corrida. Naquela época, as mulheres ainda eram marginalizadas no atletismo, razão pela qual a Nike não enxergou de imediato o potencial de vendas para o público feminino. A marca foi pega completamente de surpresa quando, cinco anos depois, Farrah Fawcett apareceu usando um Senorita Cortez em uma cena de *As panteras,* fugindo em um skate, o que gerou uma enorme procura pelo modelo.

O Cortez desenvolveu uma identidade própria, saindo do controle da Nike em alguns aspectos. Embora tenha sido superado por calçados de corrida muito mais avançados em termos técnicos, sua importância cultural continuou a crescer, principalmente por ser um dos primeiros modelos da marca. Com a expansão da Nike na Califórnia – a Blue Ribbon Sports inaugurou sua primeira loja em Santa Monica –, o Cortez se destacou como um dos poucos tênis a se firmar como peça essencial do estilo Cholo, subcultura que representa a identidade *chicana* e é marcada pelo uso de bandanas, camisetas brancas largas e calças Dickies.

A associação do Cortez com o que era visto como cultura de gangues foi tão forte que muitos afirmavam que ele havia se tornado o calçado oficial da gangue Mara Salvatrucha, de Los Angeles. Nas escolas da cidade, alunos eram mandados de volta para casa se fossem vistos usando o modelo. Curiosamente, o fato de o tênis também ter se tornado popular na cultura *hip-hop* de Los Angeles, com artistas como Snoop Dogg e Eazy-E, do NWA, adotando o estilo, não gerava o mesmo tipo de problema. E eles não eram os únicos: durante sua turnê mundial de 1980, o cantor e compositor britânico Elton John trocou ingressos para seus shows por US$ 16 mil em tênis da Nike, incluindo um lote de Cortez azul e branco para combinar com seu traje inspirado no beisebol.

Air Presto

O Air Presto teve seu lançamento em 2000, antes das Olimpíadas de Sydney, naquele ano. Era um dos tênis mais avançados desenvolvidos até então e foi projetado para remeter à liberdade de correr descalço. O Presto teve design de Tobie Hatfield, irmão de Tinker Hatfield, no recém-inaugurado laboratório de pesquisa da Nike em Taiwan. Lá, ele trabalhou com liberdade criativa, o que pode explicar alguns dos aspectos inusitados do tênis.

Quando a Nike descreveu seu novo tênis de corrida Air Presto como "uma camiseta para os seus pés", não estava se referindo apenas à leveza e ao conforto do modelo. A marca também destacava a inovação de oferecer tamanhos que iam de XXP (extra--extrapequeno) a XXXG (extra-extra-extragrande). Essa ideia surgiu de uma descoberta interessante: Hatfield fez um colega experimentar um protótipo. Mesmo calçando 43, o colega recebeu sem saber um par tamanho 41. Os tênis serviram tão bem que ele não percebeu a diferença.

ACIMA: Air Presto.

Esse tinha sido o Santo Graal de Hatfield no projeto. Ele se lembrou de uma reunião de produção em que comparecera na Coreia. Na ocasião, todos calçaram novos modelos – e ele odiou o seu pela forma como o colarinho se abriu. Essa experiência lhe deu uma ideia: certamente haveria uma forma ou um material que permitisse criar um tênis que envolvesse bem o pé e com conforto. E, se isso fosse possível, talvez fosse viável também desenvolver um tênis de tamanho mais genérico.

Ainda assim, essa não era a característica mais inusitada do experimental Presto. De forma pouco comum, o tênis foi lançado em treze cores diferentes. Todas, com exceção de uma, receberam apelidos curiosos, como "Migraine Fly" ("Mosca da Enxaqueca"), "Abdominal Snowman" ("Boneco de Neve Barrigudo"), "Shady Milkman" ("Leiteiro Suspeito"), "Rabid Panda" ("Panda Raivoso") e "Rogue Kielbasa" ("Salsicha Rebelde"). Cada modelo ganhou seu próprio comercial animado e surreal da

Wieden+Kennedy, que mostrava monges com cabeças de balão, nuvens urinando e um leiteiro de intenções duvidosas adicionando algo misterioso ao seu leite.

Até mesmo a escolha do nome do tênis foi uma quebra de paradigmas: a Nike enviou um convite à comunidade de design pedindo sugestões e recebeu mais de trezentas propostas. Uma das sugestões de nome era Presto Magic, destacando a ideia de que as pessoas poderiam calçar o tênis e, instantaneamente, estar prontas para sair. A Nike reduziu para Presto. O CEO Mark Parker quis chamar o produto de Air Comfy; mas, felizmente, um fabricante de pantufas da Nova Inglaterra já tinha registrado esse nome, ainda que Parker tenha considerado comprar a fábrica apenas para ficar com ele.

Toda essa diversão, no entanto, escondia o fato de que o Presto era um produto do Alpha Project da Nike, criado no final dos anos 1990 para explorar ideias inovadoras em design de tênis, algo simbolizado pelos cinco pontos distintivos na entressola. Em muitos aspectos, o Presto reunia as melhores características de projetos anteriores: a entressola Phylon, o solado Duralon acolchoado, a ponteira elevada e uma gaiola emborrachada na parte média do pé, como um exoesqueleto, inspirada nas capas semitransparentes e coloridas do iMac G3 da Apple.

O Presto também apresentava um recorte em forma de U abaixo do tornozelo, ideia que Hatfield tinha desenvolvido inicialmente para o Air Gauntlet, de 1998.

Esse projeto melhorava o ajuste ao redor do calcanhar e, segundo os testes, permitia um pouco de flexibilidade na parte superior, garantindo um suporte justo, mas confortável. Além disso, o interior não tinha costuras, como o do Air Zoom Drive, de 1999. A parte superior era feita de neoprene, seguindo a tendência do Huarache, de 1991.

O neoprene era usado no Huarache para reter calor. Mas versões posteriores do Presto buscaram maneiras de deixar o calor escapar, substituindo o neoprene pelo mesh, uma espécie de tela respirável, elástica e que absorvia calor e umidade. Esse material, usado na indústria médica, era flexível o suficiente para tornar o recorte profundo em V dispensável. O tênis também se mostrou uma plataforma ideal para a tecnologia seguinte da Nike, como a entressola Lunarlon ou o cabedal Flyknit.

Mantendo o marketing excêntrico de seu lançamento, versões subsequentes do Presto vieram em brim ou com estampa da Hello Kitty (graças ao estilista Hiroshi Fujiwara) e incluíram edições especiais com a casa de design alemã Acronym, o músico britânico Eric Clapton e a famosa série de TV *Sex and the City*. Em 2017, como parte do seu projeto "The Ten" com a Nike, Virgil Abloh desconstruiu o Presto, virando-o do avesso, praticamente colocando de volta as costuras que haviam sido cuidadosamente removidas. Já em 2019, Rei Kawakubo transformou o Presto ao adicionar um contorno de jérsei e malha, além de uma lingueta de borracha.

O *nonsense* também ressurgiria: percebendo que o Presto poderia se tornar o tênis de um novo esporte urbano chamado parkour, um comercial de 2002 mostrou o corredor francês Sébastien Foucan sendo perseguido implacavelmente pela cidade – por uma galinha furiosa.

Air Trainer 1

O Air Trainer 1 não era um modelo que a Nike realmente pretendia produzir; era apenas um protótipo. No entanto, encontrou seu destino com John McEnroe em 1986, de maneira curiosa, já que, como o próprio tenista comentou, "não tinha nada a ver com jogo de tênis".

Ainda assim, o modelo reunia tudo o que ele queria: suporte, amortecimento e algo que o permitisse treinar em diferentes cenários. McEnroe achava que os tênis de cano baixo pareciam ultrapassados e que os de cano alto eram altos demais para as suas necessidades. O Air Trainer 1, de cano médio, atendia perfeitamente a todas as suas exigências. A Nike não queria que McEnroe ficasse com o tênis, mas o tenista, personificando a rebeldia que a marca promovia, decidiu usá-lo mesmo assim.

"Foi uma surpresa enorme para mim, porque eu não sabia que o McEnroe iria usá-los. Ele não deveria, mas foi lá e apenas fez", recordou certa vez o designer do tênis, Tinker Hatfield, ecoando o famoso *slogan* da Nike.

Hatfield se deu conta de quantos pares diferentes de tênis ele precisava para suas atividades – um para treinar, outro para jogar e talvez outro para o dia a dia. Percebendo que não seria o único cansado dessa situação, decidiu criar o primeiro *cross trainer*: um tênis que servisse para a maioria dos esportes.

Ele tinha suas peculiaridades: "Ninguém conseguia entender para que servia a fivela", observou McEnroe, embora ela atendesse à sua preferência supersticiosa por calçados bem ajustados, "a ponto de sentir que o sangue não está circulando direito". Além disso, nem todos gostavam do design tudo-em-um. Há quem diga que o departamento de marketing da Nike o chamou de um "projeto bem idiota" que só prejudicaria as vendas de outras categorias.

Hatfield teve dificuldades para apresentar o que chamou de "um tênis meio-termo, bom o suficiente para a maioria das pessoas". Isso, de certa forma, não estava alinhado com o espírito da Nike. Mas ele persistiu e, em 1987, lançou o Air Trainer Hi, em tom verde clorofila. A novidade dividiu opiniões.

Atletas – profissionais e amadores – entenderam a ideia, mas o público em geral teve dificuldades, acreditando que se tratava de um tênis para a prática de tênis, já que havia sido adotado por McEnroe e, depois, por Andre Agassi. A terceira versão do Air Trainer mudou isso, aparecendo no comercial "Bo Knows", com a estrela do beisebol Vincent "Bo" Jackson, em 1988.

Surpreendentemente para a Nike, o tênis então ganhou vida própria, sendo adotado também por skatistas.

Na verdade, hoje, o tênis multifuncional é visto mais como um estilo retrô. Seus materiais em camadas tornam o produto menos eficiente em comparação com os cabedais de malha modernos. No entanto, ainda assim, foi o primeiro de muitos na nova categoria.

Air Dunk

Quando o Dunk High foi lançado, em 1985, o projeto de Peter Moore pode ter parecido bem familiar à primeira vista. Com um visual que lembrava o Terminator, o Legend, o Air Force 1 e o Air Jordan 1, era compreensível que muitos se perguntassem o que havia de realmente novo.

A campanha "Be True To Your School" ("Seja Fiel À Sua Escola") da Nike direcionou o tênis para equipes de basquete universitário, justamente quando o esporte vinha ganhando destaque nesse meio. E, enquanto o Dunk era valorizado nas quadras pela estabilidade que oferecia durante os giros, foi um detalhe estético que fez do tênis um sucesso fora das quadras.

À medida que cada equipe universitária era contratada para usar o Dunk (ou College Color High, como foi inicialmente chamado), novas combinações de cores

À ESQUERDA: John McEnroe usando seu tênis assinatura, o Air Trainer 1.

surgiam. O design do tênis, com grandes elementos coloridos, possibilitava diversas combinações, tornando-o rapidamente popular no estilo casual. Embora seu visual fosse simples e fácil de usar – uma característica que o ajudou a resistir ao teste do tempo e, de certa forma, a se tornar um modelo clássico –, a variedade de cores permitiu que ele mantivesse uma identidade própria.

Isso foi ainda mais reforçado em razão da posterior adoção do Dunk pelos adeptos do skate, que ainda era considerado um esporte alternativo, pelo menos em relação aos esportes *mainstream*. As primeiras tentativas da Nike de entrar no mundo do skate foram desastrosas; a maioria de seus modelos específicos, como o Schimp, o Snack e o Choad, foi amplamente ignorada. Os nomes estranhos também não ajudaram.

Enquanto o Dunk atingia o auge de sua popularidade no basquete – e era gradualmente substituído por tênis mais tecnológicos –, ele começava a se afastar do *mainstream*. No entanto, o skate trouxe uma nova vida ao modelo nos anos 1990, especialmente com o lançamento do Dunk Low. Esse renascimento foi impulsionado principalmente pelos mercados regionais do Japão e da costa oeste dos Estados Unidos, onde havia mais liberdade para experimentar novos materiais, cores e colaborações, como a famosa feita em 1999 com o coletivo de *hip-hop* Wu-Tang. Com a

À DIREITA: Blue Ivy Carter usando o Dunk.

ACIMA: Air Dunk.

advento da internet, o comércio de modelos exclusivos também ganhou força.

Um dos resultados dessa experimentação foi o lançamento do Dunk Pro B, com lingueta mais larga e acolchoamento extra – um grande benefício para os skatistas. Quando a Nike percebeu sua popularidade entre eles, passou a lançar modelos que, embora tecnicamente diferentes do Dunk, tinham um visual muito parecido. Em 2002, a marca apresentou a linha Nike SB, voltada para skatistas (sob a liderança do executivo Sandy Bodecker), com mais suporte na palmilha e no calcanhar, um novo forro e outras melhorias. Os modelos posteriores trouxeram ainda mais adaptações idealizadas para o skate.

A Nike lançou quatro novas cores do Dunk Low Pro SB quando assinou contrato com sua primeira equipe de skate, aproveitando o diferencial colorido do Dunk como um de seus principais atrativos. Essa coleção foi chamada de série "Colors by" ("Cores por..."). As colaborações com marcas de skate – como Stüssy, Zoo York, Slam City Skates, entre outras – não só aumentaram a popularidade e o apelo colecionável do Dunk, como também fortaleceram a conexão entre esse tênis e a cultura de rua. A essa altura, os fãs estavam criando seus próprios apelidos para as cores mais procuradas – "Shark" ("Tubarão"), "Hulk", "Jedi" e "Heineken", entre outros –, fazendo com que certas paletas de cores, como Viotech e What The Dunk, alcançassem um *status* quase mítico.

O apelo do Dunk como tênis de *lifestyle* variava, mas o *hype* em torno dele podia ser imenso. Em 2005, quando o Dunk Low Pro SB "Pigeon" ("Pombo"), colaboração com o colecionador e empresário Jeff Staple, teve seu lançamento em Nova York, a multidão foi tão grande que a polícia precisou intervir para manter a ordem. De forma semelhante, em meados e no final da década de 2010, personalidades como Rei Kawakubo, Virgil Abloh e o Travis Scott lançaram suas próprias versões do modelo, reafirmando o Dunk como tênis icônico e, ao mesmo tempo, símbolo cultural.

Air Huarache

O outdoor com o Air Huarache dizia: "Ei, Buck Rogers, chegou o seu tênis de corrida", em uma referência ao personagem de ficção científica. No entanto, a aparência futurista do modelo – criado por Tinker Hatfield e lançado em 1991 – talvez contradiga sua intenção. O objetivo não era adicionar muitos recursos e adornos, mas reduzir o tênis a seu elemento mais básico e deixá-lo ultraleve, seguindo a tendência da época de correr descalço e com o máximo de conforto, tal qual andar descalço. Daí o nome do tênis, em homenagem à tradicional e superconfortável sandália mexicana.

O resultado foi tão diferente de tudo o que a Nike já havia lançado – principalmente por não ostentar o icônico logo Swoosh – que não se sabia como o público reagiria. Essa incerteza fez com que a produção fosse adiada até a última hora. A questão era: a Nike conseguiria comunicar a ideia de Hatfield de que isolar, conter e proteger o pé daria ainda mais liberdade de movimento?

A inspiração de Hatfield veio do esqui aquático. "Lembro quando experimentei um esqui de slalom, que tem uma botinha de neoprene", contou ele. "Assim que tirei os pés da água, imaginei como aquilo ficaria incrível em um tênis. No dia seguinte, fiz o esboço." Resultado dessa ideia, o Huarache apresentava um cabedal de neoprene ("Você já abraçou o seu pé hoje?", perguntava uma campanha de 1992) com uma estrutura atuando como um exoesqueleto para oferecer suporte adicional ao pé.

À DIREITA: o ator Will Smith usando Air Huaraches em *Um maluco no pedaço*.

A Nike não precisava ter se preocupado: o Huarache foi um sucesso imediato, pelo menos entre os maratonistas, para quem foram vendidos os primeiros 5 mil pares. Seu apelo entre os corredores foi reforçado por um comercial estrelado pelo velocista Michael Johnson.

No entanto, inevitavelmente – como acontece com tantos tênis da Nike –, foi a adoção pela cultura pop que transformou o modelo em um grande sucesso. O Huarache se tornaria a escolha de Jerry Seinfeld em seu programa de TV e de Will Smith em *Um maluco no pedaço*.

O aumento das vendas abriu caminho para o lançamento de versões posteriores do modelo, entre elas o Air Huarache International (1992), o Air Flight Huarache (também de 1992 e que trouxe uma bota mais aerodinâmica para o basquete), o Air Zoom Huarache, projetado por Eric Avar em 2004 (e o escolhido pelo astro do basquete Kobe Bryant antes de ter sua linha exclusiva), e o Nike Huarache Free (2011).

Como dizia uma propaganda bem-humorada do Huarache, fazendo referência à sua origem: "Na antiga civilização maia, o basquete era jogado até a morte por guerreiros selvagens e enlouquecidos, que se agarravam, arranhavam, chutavam e se atacavam com garras, para o deleite de milhares de espectadores delirantes e sedentos de sangue. Embora o jogo não tenha mudado muito, os tênis mudaram".

Air Yeezy

Kanye West declarou em 2009, sem falsa modéstia: "A Nike é a marca número 1 em tênis de *lifestyle*, certo? E eu sou a marca artística mais influente da cultura pop. Quando você junta essas duas coisas, o resultado é incrível. Eu sou a Nike da cultura".

Essa foi uma das colaborações mais comentadas da história da Nike e que despertaria o interesse de uma nova geração por tênis. Um protótipo do Air Yeezy foi apresentado por West no Grammy de 2008 (mais tarde, esse par quebraria um recorde como o tênis mais caro já vendido em leilão) e lançado no ano seguinte.

ABAIXO: Air Yeezy 2.

A primeira edição foi desenvolvida por West em conjunto com Tinker Hatfield, o então diretor de criação Mark Smith e a designer Tiffany Beers, no Centro de Inovação da Nike. West comentou na época: "Estou curtindo o momento... Todo garoto desenhava Nikes na escola, então fazer isso de verdade é realizar um sonho".

Naquela época a Nike não imaginava que, mais tarde, West deixaria a marca por um contrato com a Adidas, que oferecia *royalties* maiores e um pagamento de US$ 10 milhões. Mas a Nike não foi a primeira parceria de West – ele já havia trabalhado com a marca japonesa de *streetwear* A Bathing Ape (BAPE) em 2005 e, em 2009, desenhou tênis para a Louis Vuitton –, então até daria para pensar que essa provavelmente não seria sua última parada.

West e sua equipe desenvolveram o que ele pretendia que fosse "uma bota espacial com aparência de tênis, feita para alguém andar em outro planeta". O design contava com uma parte externa relativamente simples (após ele ter avaliado centenas de combinações de cores), cabedais perfurados, forro multicolorido e entressolas que brilhavam no escuro. A ideia inicial de desenvolver uma entressola exclusiva para o tênis teve de ser abandonada devido à demora, e optou-se pela utilização de uma entressola Air já pronta. West disse que isso o magoou.

A mágoa, no entanto, não o impediu de seguir com a produção do Air Yeezy 2, em 2012, criado com Nathan

VanHook, da Nike, e inspirado no modelo Tech Challenge 2, de Andre Agassi. Mas nem mesmo o extravagante tenista conseguiria usar um projeto com escamas de répteis e hieróglifos egípcios. A versão mais famosa do Air Yeezy 2 foi, provavelmente, a Red October, lançada discretamente em 2014, alguns meses após West ter ido para a Alemanha. Talvez por esse motivo, o tênis tenha esgotado em minutos, com ao menos um par sendo recolocado à venda no eBay por US$ 16,3 milhões.

Blazer

O Blazer pode ser simples, tanto em estilo quanto em tecnologia, quando comparado com o que a Nike produziria nos anos seguintes ao do seu lançamento, em 1973. Mas, naquela época, foi um marco importante na história da empresa. Sendo uma empresa criada por corredores para fabricar tênis de corrida, a Nike sabia que seu crescimento exigiria a criação de tênis para outras modalidades. Isso significava enfrentar a Converse e a Adidas em esportes nos quais essas marcas não apenas estavam consolidadas, como também tinham forte ressonância histórica.

Além de ter sido o primeiro modelo da Nike que não se destinava à corrida, o Blazer também foi o primeiro tênis de basquete da marca. Foi também uma declaração de intenções: apenas treze anos depois, a Nike lançaria o Air Jordan 1, o tênis que, efetivamente, conquistaria o basquete para a marca. Talvez seja por isso que a Nike tenha feito questão de aumentar o Swoosh no Blazer – para que o logo pudesse ser visto à distância nos pés dos jogadores e na TV e, talvez, suscitar a pergunta: "O que é aquilo ali?".

ACIMA: Blazer.

O Blazer foi batizado em homenagem ao time de basquete da cidade da Nike, o Portland Trail Blazers. A empresa o descreveu como "um tênis tradicional com biqueira redonda, projetado para agilidade e durabilidade". Tinha colarinho acolchoado no tornozelo, lingueta de espuma de poliéster exposta, suporte de esponja para o arco e palmilha de tecido felpudo – tudo de última geração para a época. Outros aspectos foram copiados. As primeiras versões tinham a biqueira em forma de concha, como o Superstar da Adidas (lançado dois anos antes), e vinha em versões com cano alto e cano baixo, como o Converse Chuck Taylor. E, tal qual a Converse, que em 1971 lançou seus primeiros tênis de basquete de lona colorida para que os times pudessem combiná-los com seus uniformes, a Nike disponibilizou o Blazer em cores diversas.

Cinco anos após o lançamento, a Nike finalmente conseguiu assinar com um jogador da NBA para endossar o Blazer: George Gervin, do San Antonio Spurs, que, para tornar a história ainda mais interessante, trocou a Adidas pela Nike. Mais tarde, Gervin foi direto sobre o motivo da troca: "A Nike era muito inovadora. Eles pensavam fora da caixa nos anos 1970. O tênis era de melhor qualidade", disse ele em um vídeo no canal Nice Kicks, do YouTube. E acrescentou: "Eu usava Adidas, mas a Nike me ofereceu muito mais dinheiro". Em um dos primeiros exemplos do que viria a ser o conceito de tênis assinados, o Blazer de Gervin pode ser considerado o primeiro modelo "Player Exclusive" (PE), com seu apelido ("Iceman") estampado no calcanhar.

Nos anos 1990, o Blazer, que inicialmente foi ofuscado por novos modelos de tênis de basquete, encontrou uma nova vida no cenário *underground* do skate. Sua construção em couro resistente e solado de borracha vulcanizada o tornou popular entre os skatistas, assim como ocorreu com o Dunk após esse modelo perder relevância. A Nike aproveitou a oportunidade e, em 2005, contratou o skatista profissional Lance Mountain para redesenhar o Blazer, que incluiu uma entressola Air. Nessa fase, o Blazer se consolidou como um ícone de colaborações que impulsionaram sua nova credibilidade: por exemplo, com Stüssy (2002), Futura 2000 (2003) e Supreme (que em 2006 reinterpretou o Swoosh da Nike usando um tecido acolchoado de pele falsa de cobra).

Air Foamposite One

O Air Foamposite One revolucionou a forma como os calçados eram construídos e desafiou a hegemonia da infinidade de Jordans no basquete. No entanto, o designer Eric Avar e a equipe de Engenharia de Produtos Avançados da Nike enfrentaram dificuldades até obter aprovação para que aquilo que ele descreveu como "experimentação pura" – um tênis inspirado na carapaça de um besouro – chegasse à fase de prototipagem.

Tradicionalmente, os tênis eram feitos por meio da costura de placas de couro. No entanto, o design do Foamposite inovou ao moldar todo o cabedal em uma única peça, eliminando costuras. Isso foi feito com o uso de um material líquido à base de plástico e poliuretano, que era injetado em um molde a temperaturas extremamente altas, resultando em um ajuste que envolvia o pé de forma completa. No entanto, essa abordagem não custava pouco. Às vezes, até mesmo as grandes ideias são caras demais, complexas demais para serem comercializadas, estranhas demais – pelo menos para a época – para funcionar.

A Nike teve de buscar uma empresa de engenharia que fosse capaz de realizar o projeto do Foamposite. Várias recusaram, alegando que não conseguiriam. Finalmente, a montadora sul-coreana Daewoo se ofereceu para

À DIREITA: Penny Hardaway jogando pelo Orlando Magic em 1999.

ORLAN
iser

ACIMA: Air Foamposite One.

colocar seus sistemas de produção a serviço da Nike, o que significava que a empresa de Knight não precisaria investir em equipamentos especializados para fabricar um produto que, no fim das contas, poderia não fazer sentido comercial. Mesmo assim, a Nike teve que pagar à Daewoo US$ 750 mil apenas pelo molde. O Foamposite acabou sendo aprovado e lançado apenas em 1997, quatro anos depois da ideia inicial.

No começo, o estilo dividiu opiniões e não vendeu bem, o que talvez tenha incentivado a Nike a buscar um retorno sobre seu investimento, aplicando a tecnologia de cabedal Posite em diversos estilos subsequentes até 2000, incluindo o Total Air Foamposite Max, o Air Flightposite e o bizarro Clogposite.

O próprio Foamposite tinha cores ousadas. Entre elas: Pewter, que fazia o tênis parecer feito do metal líquido que surge em *O exterminador do futuro 2* (1991); Weatherman, que deixava o cabedal semelhante a um mapa meteorológico; e Galaxy, a de maior sucesso e que lembrava alguma imagem de sistema estelar feita pelo telescópio espacial Hubble. De fato, a cor teria um papel fundamental na história do Foamposite.

Após o lançamento do modelo, a Nike teve a sorte de logo encontrar uma estrela da NBA disposta a usar um calçado que, à primeira vista, parecia não convencional e até estranho para alguns, além de ter um visual futurista. Penny Hardaway, jogor do Orlando Magic, já tinha seu próprio modelo assinado, o Air Penny 1. No entanto, dizem que, quando o jogador viu uma amostra do Foamposite sair da bolsa de Eric Avar durante uma "reunião de inovação" em 1995, exclamou: "É isso!", pedindo que aquele se tornasse seu próximo tênis.

E ele recebeu mais do que esperava. Com um cabedal azul royal brilhante e solado bulboso, não foi apenas a estranheza do modelo que desagradou aos gestores do time: a cor também não combinava com o uniforme. A solução encontrada por Hardaway foi simples: ele pegou um marcador permanente preto e pintou o cabedal. Mais tarde, em 2015, a Nike lançou o Air Foamposite One, com sua paleta de cores "Sharpie" ("Marcador Permanente").

Curiosamente, a Nike não acreditava que haveria demanda para relançar o Foamposite One e destruiu os moldes originais. Mas um tênis esquecido sempre acaba sendo reimaginado pela moda. Em 2014, uma colaboração com a Supreme levou o Departamento de Polícia de Nova York a pedir que a marca de *streetwear* cancelasse o lançamento nas lojas para evitar possíveis tumultos, e a venda acabou sendo feita apenas pela internet. Em 2021, a grife Comme des Garçons aproveitou a oportunidade para reformular o molde do cabedal, criando um efeito contornado e em espiral, inspirado nos desenhos na areia dos tradicionais jardins japoneses.

Air Max

O Air Max 1 não foi o primeiro tênis a utilizar a tecnologia "bolsa de ar" da Nike (na verdade, foi o Tailwind, de 1979), mas passou a representá-la. Em grande parte porque foi o tênis que, com seu lançamento, em 26 de março de 1987, deixou essa tecnologia à mostra.

Nem todo mundo na Nike adorou a ideia: segundo Tinker Hatfield, a direção da empresa achou que ele "tinha exagerado no visual". O designer conta que alguns, inclusive, quiseram demiti-lo. Ele argumentou que aquela ideia finalmente permitiria que os consumidores entendessem o que significava, na prática, a tão alardeada tecnologia Air da Nike (ver a seção "Nike Air", na p. 76).

O culto em torno desse modelo é tão forte que os fanáticos por tênis comemoram até hoje o Air Max Day todo 26 de março. Nesse dia, a Nike revela todos os seus novos modelos, geralmente causando uma correria às lojas, considerando a rapidez com que várias versões do Max mudaram ao longo dos anos e deram origem a propostas cada vez mais ousadas. Entre elas estão o 90, também desenhado por Hatfield; o 95, de Sergio Lozano,

À DIREITA: o cineasta Spike Lee usando Air Max 1.

com entressola preta e cadarço inteligente, inspirado nas estratificações das paredes do Grand Canyon; e o 97, de Christian Tresser – que até então estava focado em desenhar os tênis de futebol americano da marca –, inspirado no trem-bala japonês e nos acabamentos de alumínio e titânio polido das *mountain bikes* da época.

A cada ano surgiam novos avanços tecnológicos. O Air Max 93, criado por Hatfield, apresentava um colarinho de neoprene, material que o designer já havia testado no Huarache. O Air Max Plus, lançado em 1998 por Sean McDowell, introduziu o conceito de *tuned air*, com a entressola trazendo várias almofadas de ar individuais, cada uma calibrada para diferentes pressões. Também houve o Air VaporMax, de 2017, que foi o primeiro tênis da Nike sem espuma ou borracha na entressola e no solado, com o cabedal fundido diretamente ao saco de ar.

E o Air Max Scorpion, de 2022, que oferece mais amortecimento de ar do que qualquer outro tênis da Nike até hoje, em termos de kgf/cm^2, além de uma ousada estética de solado.

ABAIXO:
Air Vapormax.

Conforme a linha Air Max avançava, o visual dos tênis nem sempre acompanhava o estilo mais enxuto do Air Max 1. No entanto, assim como o nome Air Max uniu esses diferentes modelos, cada um deles se conectava a uma subcultura distinta. Enquanto a marca Jordan cresceu a ponto de se tornar independente da Nike, o Air Max também se destacou de maneira singular.

Ele ressoou desde a cena *grime* do Reino Unido, com Skepta e Dizzee Rascal (na capa do álbum *Boy in da Corner*, de 2003), até *o hip-hop* de Redman e The Game. Na França, o Air Max Plus ganhou o apelido de "Le Requin" ("Tubarão"). Na Itália, os *ravers* dos anos 1990 chamaram o Air Max 97 de "Le Silver" ("Prateado"), por seu acabamento metálico. Segundo alguns relatos, as vendas do 97 na Itália superaram as do restante do mundo, impulsionadas pelo comercial da Nike voltado para o mercado local em que um rei *viking* oferece sua rechonchuda esposa para o atleta Quincy Watts em troca de seus tênis: "A esposa superacolchoada pelos seus Nikes Air Max superacolchoados".

Air Jordan

O Air Jordan é o gigante do mundo dos tênis. Sua história inclui a estratégia da Nike para conquistar Michael Jordan em 1984 e como esse acordo revolucionou o marketing esportivo (ver p. 67). As vendas do Air Jordan e de outros produtos da Jordan Brand deixaram o jogador bilionário e retornaram o investimento à Nike inúmeras vezes. Além disso, o tênis merece destaque pelo amor que recebe dos fãs e por sua longevidade.

Embora alguns modelos sejam frequentemente citados como os melhores da categoria, como os Air Jordans 1, 3, 4, além dos Jordans 5, 6 e 11 (inspirados no avião de caça P-51 Mustang e desenhados por Hatfield), até o momento em que este livro está sendo escrito já foram lançadas 37 edições do Jordan, sem contar as centenas de opções de cores. Essas variações dominaram tanto o comércio de tênis quanto o mercado de revenda.

No entanto, foi o primeiro modelo que realmente definiu o projeto, com tiras fixas na parte dianteira e no tornozelo para garantir estabilidade, além de almofadas acolchoadas e apoio no calcanhar, todos essenciais para os jogadores. E o público? O que realmente chamou a atenção no Air Jordan 1, de 1985 (assim como no Dunk, do mesmo ano), foi o uso das cores.

Foi por isso que, ao lançar o Jordan 1 no Dia da Mentira, o design de Peter Moore (na verdade, uma versão do Air Force 1 de Bruce Kilgore) causou impacto no mundo do basquete. O tênis apresentava as cores do Chicago Bulls: branco, preto e vermelho, além de ter modelos com cores para jogar dentro ou fora de casa. Jordan não gostou muito dessa ideia, principalmente porque ele considerava o vermelho "a cor do diabo" e não conseguiu que fossem fabricados em azul. A NBA também não gostou – aqueles modelos claramente violavam a regra segundo a qual todos os tênis deveriam ser majoritariamente pretos ou brancos.

À DIREITA: a modelo britânica Jourdan Dunn usando Air Jordan.

DA ESQUERDA PARA A DIREITA: Air Jordan 3, Air Jordan 4, Air Jordan 5 e Air Jordan 11.

"[Mas] a ideia era quebrar a barreira da cor nos calçados", observou Moore, "visto que, antes disso, 99% dos tênis eram brancos ou pretos". Assim, pelo menos de forma apócrifa, a Nike simplesmente decidiu que pagaria a multa de US$ 5 mil por jogo com a qual Jordan era ameaçado toda vez que entrava em quadra.

"[O tênis] era tão colorido que a NBA o proibiu – o que foi ótimo!", conta Knight, entusiasmado. "Na verdade, esse tipo de publicidade que nos coloca contra o *establishment* é bem-vinda, desde que a gente saiba que está do lado certo." A Nike até brincou com a situação no comercial de lançamento: "Em 15 de setembro, a Nike criou um tênis de basquete revolucionário. Em 18 de outubro, a NBA os tirou do jogo", dizia o comercial. "Por sorte, a NBA não pode impedir você de usá-los."

Infelizmente, Jordan não usou seus novos tênis com seu nome em 18 de outubro; ele jogou com o Nike Air Ship, uma espécie de intermediário entre o Air Force 1 e o Air Jordan 1. Ele só viria a usar o Air Jordan 1 em quadra em novembro, algo que a Nike manteve em

segredo para preservar o mito, embora em 2021 um par de Air Ships "usado em jogo" tenha se tornado o primeiro tênis a ultrapassar US$ 1 milhão em leilão (foi arrematado por US$ 1,5 milhão). Além disso, enquanto colecionadores ainda chamam o Air Jordan 1 de "proibido", essa afirmação é contestada: acredita-se que os primeiros Jordans usados em quadra tinham detalhes brancos em quantidade suficiente para que estivessem dentro das regras da NBA.

E isso importa? Não para o mito nem para a marca. O tênis Jordan ainda se destaca porque está, em vários aspectos, sob as asas da Nike, embora tenha logo se tornado independente dela. Afinal, se a Nike é o Swoosh, um par de Jordans tem até seu próprio logo: o desenho de uma bola de basquete com asas, assinado por Peter Moore, e (a partir do 3) o logo Jumpman – criado em 1997 e adaptado de uma foto da revista *Life* que mostra Michael Jordan no ar, com uma bola de basquete na mão.

Epílogo

A Nike se posiciona como uma empresa de vestuário esportivo, e é com essa filosofia que a gigante norte-americana construiu um histórico impressionante de inovação em design, estabeleceu laços profundos com grandes estrelas do esporte e lançou uma série de produtos que se tornaram verdadeiros clássicos.

Mas, é claro, a Nike é muito mais do que isso. Em primeiro lugar, ela surfou uma onda que ajudou a criar. Essa onda representa a interseção de duas forças: a ascensão do *streetwear* como a forma dominante de moda e uma nova ênfase em praticidade e conforto no ato de vestir. É por isso que, embora a Nike seja essencialmente uma empresa de tênis – pois é nesse segmento que suas grandes ideias geralmente se concretizam –, ela também se posiciona como uma marca de vestuário. Isso permite que a empresa cobre mais caro por adicionar seu Swoosh em estilos básicos de roupas que muitas pessoas consideram essenciais, tanto para o dia a dia quanto, cada vez mais, para o ambiente de trabalho. Em segundo lugar, a Nike se tornou uma espécie de culto, com seus devotos aguardando ansiosamente a data de lançamento de cada novo modelo de tênis e, indiretamente, gerando uma economia paralela dedicada à revenda de seus *designs* mais desejados. O fato de esses tênis alcançarem preços exorbitantes e serem cada vez mais considerados um investimento talvez nos diga tudo o que precisamos saber sobre o futuro da Nike.

Sim, muitos outros concorrentes ainda estão por vir. Mas poucos podem sonhar em ter o mesmo impacto que a Nike teve na engenharia de produtos, no esporte e na cultura.

Índice

Crédito das fotos

Alamy Stock Photo
Abaca Press, 39; Adam Stoltman, 69; adsR, 116; AJ Pics, 19 (acima); Album, 66 e 95; Associated Press, 10, 104, 110, 130 e 134; Cinematic, 97; Claudine Klodien, 107; Everett Collection Inc, 20, 121 e 137; LANDMARK MEDIA, 44; Maximum Film, 19 (abaixo); Moviestore Collection Ltd, 87; Newscom, 27; PA Images, 17, 33 e 99; Patti McConville, 75; Photo, 12 e 149; Retro AdArchives, 29 (centro à direita), 29 (abaixo à esquerda), 29 (abaixo à direita), 29 (centro à esquerda), 29 (acima à esquerda) e 29 (acima à direita), 40-41, 42, 46, 49, 83, 91 e 102; RLFE Pix, 36; Science History Images, 14 e 55; Stephen Chung, 58; Universal Images Group North America LLC, 8-9; UPI, 105; xMarshall, 146.

Getty
Chris Ryan – Corbis, 63; DAVID MILLS, 145; Ezra Shaw, 133; Focus On Sport, 73; Jacopo M. Raule, 153; Jay L. Clendenin, 113; Jeremy Moeller, 81; L. Busacca, 22-23; Marc Piasecki, 115; Max Mumby/Indigo, 100; Noel Vasquez, 139; SI Cover, 51; Vanni Bassetti, 112.

Shutterstock
Aimadbro, 154 (à esquerda); Albo, 142; Mikkel H. Petersen, 118; seeshooteatrepeat, 79; xMarshall, 59, 64 (à esquerda), 64 (à direita), 65 (centro), 65 (à esquerda), 65 (à direita), 125, 150, 154 (à direita), 155 (à esquerda) e 155 (à direita).

Wiki Commons
30–31

Administração Regional do Senac no Estado de São Paulo
Presidente do Conselho Regional: Abram Szajman
Diretor do Departamento Regional: Luiz Francisco de A. Salgado
Superintendente Universitário e de Desenvolvimento: Luiz Carlos Dourado

MISTO
Papel | Apoiando o manejo florestal responsável
FSC® C004800
FSC www.fsc.org

Editora Senac São Paulo
Conselho Editorial: Luiz Francisco de A. Salgado
Luiz Carlos Dourado
Darcio Sayad Maia
Lucila Mara Sbrana Sciotti
Luís Américo Tousi Botelho

Gerente/Publisher: Luís Américo Tousi Botelho
Coordenação Editorial: Verônica Marques Pirani
Prospecção: Andreza Fernandes dos Passos de Paula,
Dolores Crisci Manzano, Paloma Marques Santos
Administrativo: Marina P. Alves
Comercial: Aldair Novais Pereira
Comunicação e Eventos: Tania Mayumi Doyama Natal

Edição e Preparação de Texto: Vanessa Rodrigues
Coordenação de Revisão de Texto: Marcelo Nardeli
Revisão de Texto: Cibele Machado
Coordenação de Arte: Antonio Carlos de Angelis
Projeto Gráfico e Capa: Luke Bird
Editoração Eletrônica: Manuela Ribeiro
Impresso em Dubai

Título original: A Pocket Guide to Nike

Publicado pela primeira vez em inglês
em Londres pela Laurence King,
selo da Quercus Editions Ltd, em 2024.

Editora Senac São Paulo
Av. Engenheiro Eusébio Stevaux, 823 – Prédio Editora
Jurubatuba – CEP 04696-000 – São Paulo – SP
Tel. (11) 2187-4450
editora@sp.senac.br
https://www.editorasenacsp.com.br

Dados Internacionais de
Catalogação na Publicação (CIP)
(Claudia Santos Costa - CRB 8ª/9050)

Sims, Josh
Guia de bolso da Nike / Josh Sims ; tradução : Cristina Camargo. – São Paulo : Editora Senac São Paulo, 2025.

Título original: A Pocket Guide to Nike.
ISBN 978-85-396-4319-6 (impresso/2025)

1. Moda – Artigos esportivos. 2. Nike (Empresa). 3. Tênis (Calçado). 4. Roupas esportivas. I. Título.

5-2359c CDD – 391.009
CDD – 370.115
391.413
746.92
BISAC DES005000
DES013000

Índice para catálogo sistemático:
1. Moda : Vestuário : História 391.009
2. Moda : Tênis (Calçado) 391.413
3. Moda : Design : Estilo : História 746.9209